曹薰铉、李昌镐精讲围棋系列

李昌镐围棋研究室 —— 编著

精讲围棋手筋①

化学工业出版社
·北京·

图书在版编目（CIP）数据

精讲围棋手筋.1/ 李昌镐围棋研究室编著. —北京：
化学工业出版社，2020.6
（曹薰铉、李昌镐精讲围棋系列）
ISBN 978-7-122-36618-4

Ⅰ.①精… Ⅱ.①李… Ⅲ.①围棋-对局（棋类运动）
Ⅳ.①G891.3

中国版本图书馆CIP数据核字（2020）第068594号

责任编辑：史 懿　　　　　　　　　　装帧设计：刘丽华
责任校对：盛 琦

出版发行：化学工业出版社（北京市东城区青年湖南街13号　邮政编码100011）
印　　装：大厂聚鑫印刷有限责任公司
710mm×1000mm 1/16　印张12　字数180千字　2020年9月北京第1版第1次印刷

购书咨询：010-64518888　　　　　　售后服务：010-64518899
网　　址：http://www.cip.com.cn
凡购买本书，如有缺损质量问题，本社销售中心负责调换。

手筋——围棋之花

很多围棋爱好者常有这样的感叹，自己的布局下得还不错，但中盘不知什么原因，下得一塌糊涂，对此感到十分茫然。《精讲围棋手筋》正可以解决广大爱好者的这一苦恼。

"手筋"是指在围棋的局部战斗中，可以最大限度地发挥棋子效率的技术，因而有"围棋之花"的美誉。如果不能正确掌握围棋手筋这一技术，根本无法与对方进行复杂的战斗。

布局暂告一段落后，双方即进入了中盘的战斗。进入中盘后，很多围棋爱好者都比较喜欢局部的拼杀，而韩国棋手在中盘阶段则有更强的作战欲望。不夸张地说，对围棋手筋的掌握和利用，是取得中盘战斗胜利的秘诀。

《精讲围棋手筋》共六卷，其中前两卷针对初级水平的读者，后四卷适合中高级水平的读者。每卷收集了 120 余个问题，并配以详尽的解说。各位读者通过循序渐进的学习，不知不觉中可以发现自己的棋力已有了明显的进步。

2020 年 5 月

前言

围棋是中国的国粹，它能启发智力，开拓思维，是一项非常有益的修身养性的娱乐活动。成人通过学习围棋，可以培养自己良好的心境和大局观；儿童通过学习围棋，可以培养耐心，提高专注力，锻炼独立思考能力，挖掘思维潜能。学习围棋对课业学习也有十分明显的帮助。

那么如何学习围棋？如何学好围棋？什么样的围棋书才能更有针对性地提升棋艺水平？

韩国棋手曹薰铉、李昌镐不仅是韩国围棋的代表人物，在国际棋界也有举足轻重的地位。我们经与曹薰铉、李昌镐本人直接接洽，使得本系列书得以顺利出版。

本系列书包括定式、布局、棋形、中盘、对局、官子、死活、手筋共8个主题，集曹薰铉、李昌镐成长经验和众多棋手的智慧于一体，使用了韩国职业棋手的大量一手资料，其难度贯穿了围棋入门、提高、实战和入段等各个阶段，内容覆盖了实战围棋各个方面，是非常系统且透彻的围棋自学读物。

《精讲围棋手筋》详细讲解了手筋在吃子、对杀、攻击、防守、死活、官子等围棋各个阶段中的应用，例题丰富，循序渐进，以引导和启发为出发点，着重培养围棋爱好者的学习兴趣和思维方式，重视第一手感觉的培养，强调实战应用。

本书由陈启承担资料翻译、整理工作，由石心平、范孙操负责稿件审校，并得到曹薰铉、李昌镐围棋研究室众多成员的大力协助，在此对他们的辛勤劳动表示诚挚的感谢。

衷心希望广大围棋爱好者能通过学习本书迅速提高棋力，并由此享受围棋带来的快乐。

编著者
2020年3月

目录

下篇　问题 61~ 问题 123
●●●

问题1～问题60

问题1 ▶▶

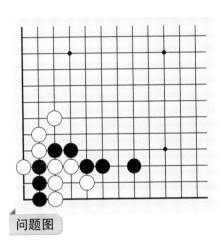

问题图

黑先。本题是实战中经常出现的简单问题。角上黑棋仅剩两口气，如要起死回生，必须对下边的白棋有所行动。那么请问黑棋应如何下？

问题2 ▶▶

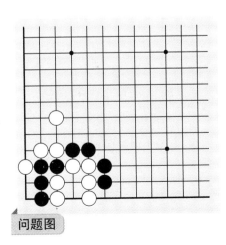

问题图

黑先。角上黑棋要想活，必须吃住下边的白棋。那么请问黑棋的手筋是什么？

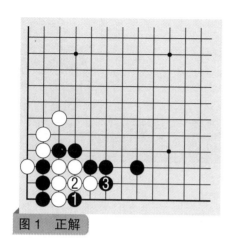

图1　正解

问题1解说

图1　正解

黑1打吃是正解，白2如果连接，黑3打吃后，角上黑三子由此可以摆脱困境。

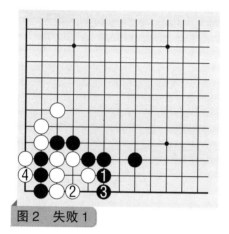

图2　失败1

图2　失败1

黑1挡未能充分考虑到当前紧迫形势，白2应，黑3下立时，白4可以打吃，形势转眼间发生了逆转。

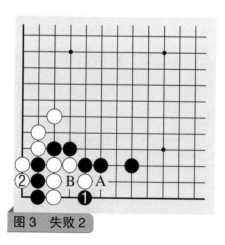

图3　失败2

图3　失败2

黑1是不负责任的下法，白2直接打吃即可将角上黑三子吃去。但白棋应该注意的是黑1时，白A长过于贪心，黑B可以倒扑白棋。

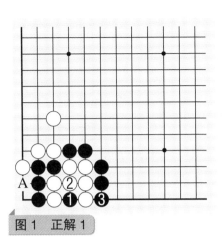

图 1　正解 1

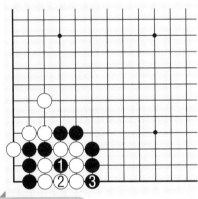

图 2　正解 2

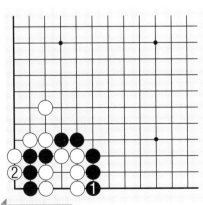

图 3　失败

问题 2 解说

图 1　正解 1

黑 1 先打吃，白 2 时，黑 3 打吃即可，黑棋始终没有给白棋在 A 位落子的机会。

图 2　正解 2

黑 1 打是另一正解，白 2 提子时，黑 3 可以打吃，黑棋同样可以吃住白棋。

图 3　失败

黑 1 挡过于迟缓，白 2 打吃，角上黑四子已被白棋吃住。

问题 3 ▶▶

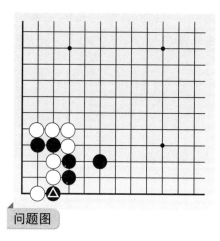

问题图

黑先。如何救出被白棋包围的黑二子是本题中黑棋面临的问题。请问黑棋应如何下才正确？黑棋在下子时，切忌过于留恋黑▲一子。

问题 4 ▶▶

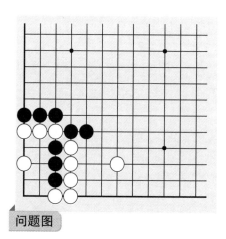

问题图

黑先。在下棋时，有时过于追求技巧反而会导致失败，而利用比较直接的手段却能成功。那么请问黑棋应如何下？

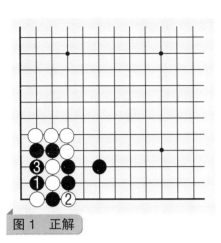

图 1 正解

问题 3 解说

图 1 正解

黑 1 断打是正确的下法。白 2 如果提子，黑 3 连打，结果白棋无法动弹。

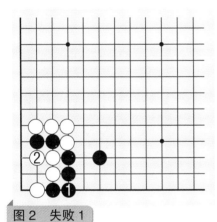

图 2 失败 1

图 2 失败 1

黑 1 连接是俗手，白 2 打吃后，黑棋只剩下一口气。

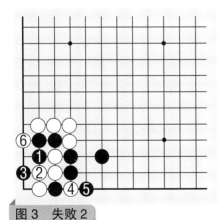

图 3 失败 2

图 3 失败 2

黑 1 拐打是俗手，白 2 连接后，白棋安然无恙，以下进行至白 6，黑棋失败。

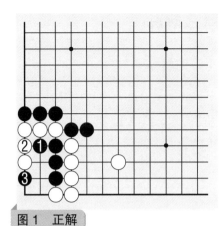

图1 正解

问题 4 解说

图1 正解

黑1直接打吃是正确的下法，白2连接不得已，黑3打吃即可吃住白棋。

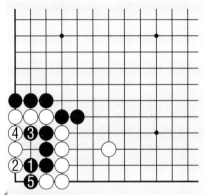

图2 失败1

图2 失败1

黑1拐，其意图是吃住更多的白子，但实际上是黑棋的贪心。此时白2应正确，以下进行至黑5，黑棋顶多下成后手双活。

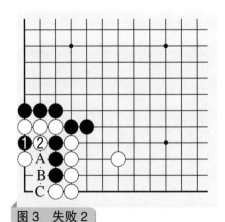

图3 失败2

图3 失败2

黑1扑过于追求技巧，白2提子后，黑棋无后续手段。黑A位不入气，而黑下B位，白C位爬后，白棋可以下成有眼杀无眼。

问题 5 ▶▶

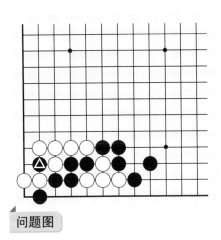

问题图

黑先。图中黑棋有两气，而白棋却剩下三口气，好像黑棋无法与白棋进行对杀。那么请问黑棋如何下才是正确的？黑棋应充分利用黑△一子。

问题 6 ▶▶

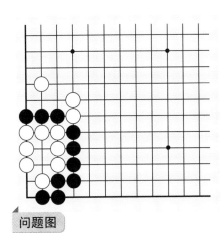

问题图

黑先。黑棋如果在本题中仅采用普通的手法不可能成功，因此在考虑本题时，应脱离常规的思维。那么请问黑棋应如何下？

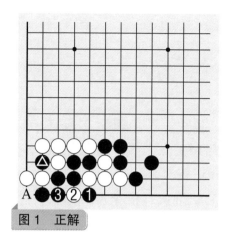

图1 正解

问题5 解说

图1 正解

黑1扳是手筋，白2扑时，黑3可以提子，其后由于有黑▲子的作用，白A位不入气。

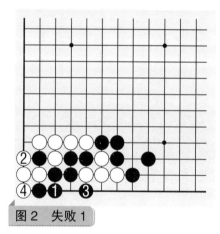

图2 失败1

图2 失败1

黑1先连接缺乏思考，只要白2提子，其后不论黑棋如何努力，都摆脱不了失败的命运。

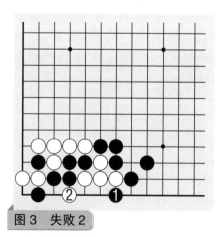

图3 失败2

图3 失败2

黑1扳，从另一面开始紧气是错误的下法，白2直接打吃后，黑棋失败。

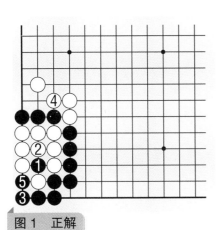

图1 正解

问题6 解说

图1　正解

黑1扑，利用弃子来紧气是巧妙的下法。白2被迫提子时，黑3、5后，黑棋在对杀中快一口气。

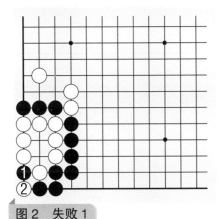

图2 失败1

图2　失败1

黑1扑，虽经过一定的思考，但在思考方法上明显存在弱点。白2提子后，双方必然下成打劫，这一结果对黑棋来说不充分。

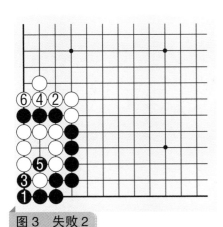

图3 失败2

图3　失败2

黑1紧气缺乏思考，以下进行至白6，黑棋在对杀中慢一口气。

问题 7 ▶▶

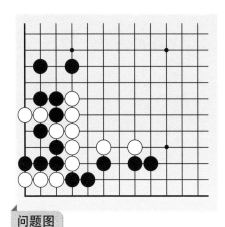

问题图

黑先。黑棋如果单单吃住左边的二子非常简单，但问题并不局限于此，黑棋应该吃住左下角白棋三子。那么请问黑棋应如何下？

问题 8 ▶▶

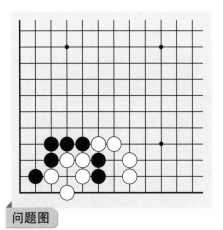

问题图

黑先。初看本题，白棋可以有眼杀黑棋无眼，其实并非如此。其原因是黑二子仍有三口气，而这一优势可以发挥很大的作用。那么请问黑棋应如何下？

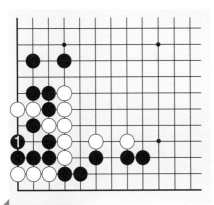

图1 正解

问题7解说

图1 正解

黑1首先做眼是好棋，黑棋做眼后，白棋无棋可下。

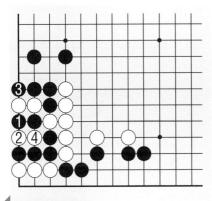

图2 失败1

图2 失败1

同样是做眼，而黑1的下法不成立，白2、4进行后，左下角白棋三子可以活。

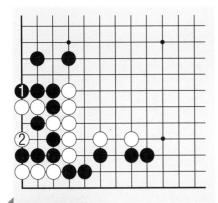

图3 失败2

图3 失败2

黑1挡，白2打吃，结果黑棋失败。因此白2所在的位置是双方必争的要点。

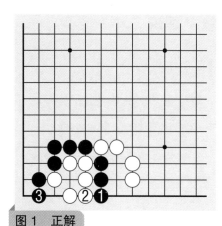

图 1　正解

问题 8 解说

图 1　正解

黑 1 下立是稳健的下法，白 2 如果坚持做眼，黑 3 再次下立后，黑棋可以确保胜利。

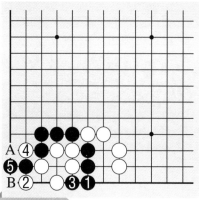

图 2　变化

图 2　变化

黑 1 时，白 2 如果反击，黑 3 挤吃非常重要，白 4 时，黑 5 下立，白棋已不活。其中白 2 时，黑棋如下 A 位屈服，白棋下在 3 位，黑 B、白 5 进行后，双方将下成打劫。

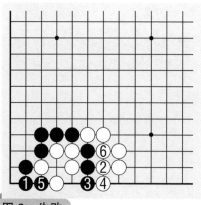

图 3　失败

图 3　失败

黑 1 下立紧气缺乏思考，白 2 以下紧气后，黑棋在对杀中慢一口气。

问题9 ▶▶

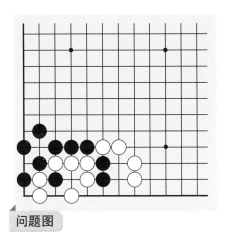

问题图

黑先。"有眼杀无眼"的围棋格言并非在所有情况下都能适用，本题的情况即是如此。请问黑棋如何下才正确？

问题10 ▶▶

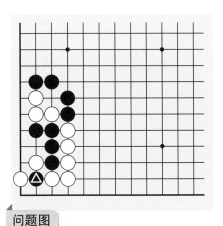

问题图

黑先。黑棋如能在自己长气的同时，又能使对方下成不入气的棋形，真是一举两得。本题中黑棋能否充分利用黑▲一子的作用，将是黑棋能否下出这种妙着的关键。那么请问黑棋应如何下？

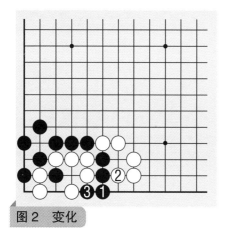

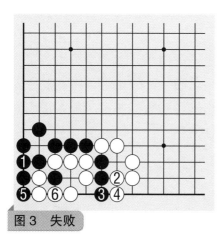

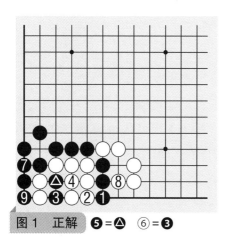
图1 正解 ❺=⬤ ⑥=❸

图2 变化

图3 失败

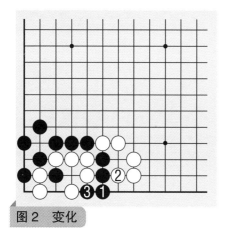

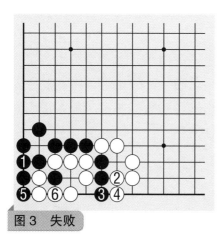

问题9解说

图1 正解

黑1下立是正确的下法，如能一眼发现这一下法，可以说已具备一定水平。以下进行至黑9，黑棋在对杀中取胜。

图2 变化

黑1下立时，白2如果紧气，黑3打吃则是连贯的下法，这一进行更简单明了。

图3 失败

黑1连接，准备从左侧开始紧气，但以下进行至白6，白棋有眼杀无眼。

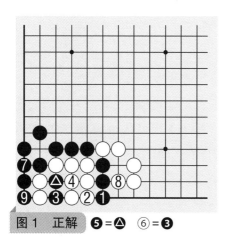
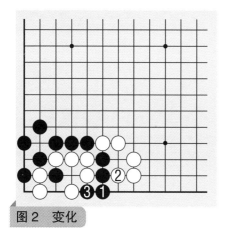
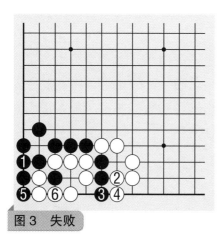

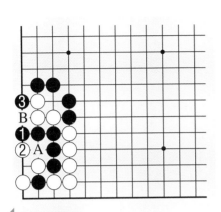

图 1　正解

问题 10 解说

图 1　正解

黑 1 下立是极其精彩的一手，白 2 时，黑 3 扳又是好棋，而白棋 A 位和 B 位都不入气，结果黑棋成功。

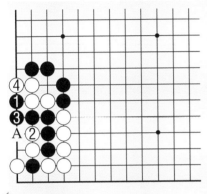

图 2　失败 1

图 2　失败 1

黑 1 先扳，白 2、4 是正确的应对，黑棋失败。其中白 2 如果下在 4 位，黑棋可在 A 位做劫，这一点我们应该注意。

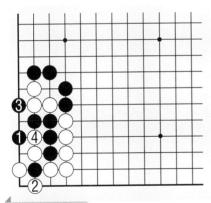

图 3　失败 2

图 3　失败 2

黑 1 看似可行，但白 2 直接提子是稳健的下法，其后黑 3 扳，白 4 打吃，黑棋只好举手投降。

问题 11 ▶▶

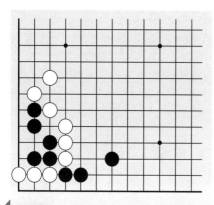

黑先。黑棋与角上白棋三子展开了厮杀，请问黑棋应如何下？如何能确保眼位，是黑棋解决问题的关键。

问题图

问题 12 ▶▶

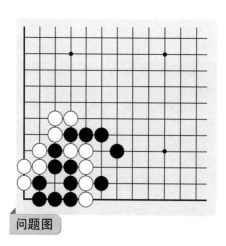

黑先。角上黑棋八子离被打吃仅有一步之距，而右侧的白棋五子却有三口气，因此黑棋已非常危险。那么请问黑棋如何下才能摆脱危机？

问题图

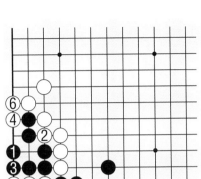

图1　正解

问题 11 解说

图1　正解

黑1首先做眼正确，以下进行至黑7，黑棋成功。

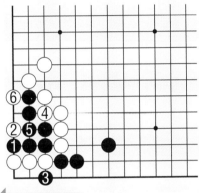

图2　失败1

图2　失败1

黑1挡，白2点是致命一击，以下进行至白6，黑棋短一口气。

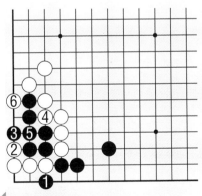

图3　失败2

图3　失败2

黑1扳开始紧气，是缺乏思考的下法，以下进行至白6，黑棋失败。

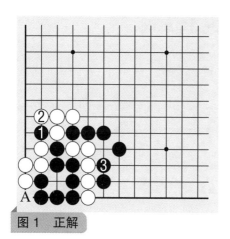

图 1　正解

问题 12 解说

图 1　正解

黑 1 断是正确的下法，白 2 打吃，黑 3 则可以开始紧气，结果黑棋取胜。白 A 位不入气，正是由于黑 1 断所发挥的作用。

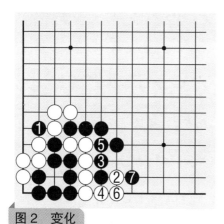

图 2　变化

图 2　变化

黑 1 断时，白 2 如果反击，则黑 3 以下至黑 7，黑棋同样成功。

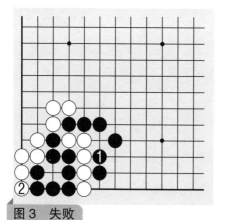

图 3　失败

图 3　失败

黑 1 如果直接紧气，白 2 打吃，黑棋失败。

问题 13 ▶▶

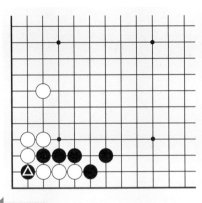

黑先。角上黑▲一子并非必死无疑，只要黑棋选择正确，完全可以起死回生。那么请问黑棋应如何下？黑棋如何选择行棋方向非常重要。

问题 14 ▶▶

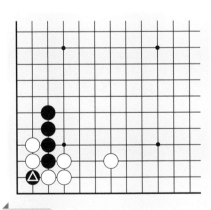

问题图

黑先。角上黑▲一子如能充分利用角的特殊性，还有可能活出。那么请问黑棋应如何下？其中第一手棋非常重要。

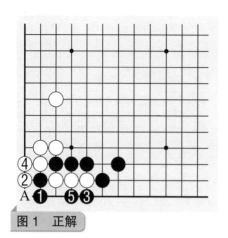

图 1　正解

问题 13 解说

图 1　正解

黑 1 下立是正确的下法，白 2 时，黑 3 紧气，至黑 5，黑棋取胜。黑 1、白 2 后，白 A 位不入气是白棋的弱点。

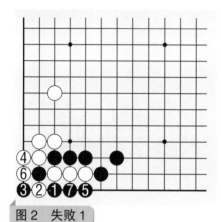

图 2　失败 1

图 2　失败 1

黑 1 扳，以下进行至黑 7，黑棋虽可吃住白棋三子，但在以后收官时，白 2 位可提子，黑棋官子受损。

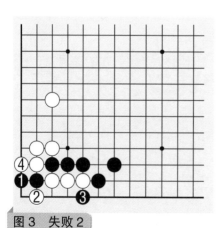

图 3　失败 2

图 3　失败 2

黑 1 下立是最坏的选择，白 2 扳，至白 4，黑棋失败。

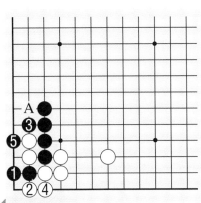

图 1　正解

问题 14 解说

图 1　正解

黑 1 下立是解决问题的正确下法，白 2 扳，黑 3 挡，进行至黑 5，黑棋可以吃住白二子。其中白 2 如果下在 3 位，黑 A 挡后，白棋也无法长气。

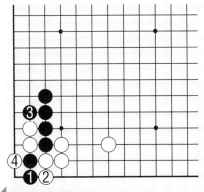

图 2　失败 1

图 2　失败 1

黑 1 下立方向错误，白 2、4 应对后，白棋反而可以吃住黑棋。

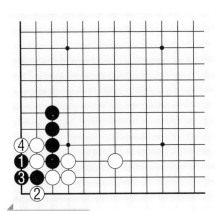

图 3　失败 2

图 3　失败 2

黑 1 扳是俗手，白 2、4 一下，黑棋免不了被杀的命运。

问题 15 ▶▶

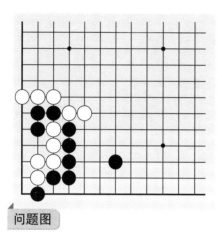

问题图

黑先。处于白棋包围中的黑三子要想活，唯一的出路只有吃住下方的白五子。那么请问黑棋应如何下？在解题时，如果考虑得过于复杂，有时会适得其反，而平常的进行却是最有效的。

问题 16 ▶▶

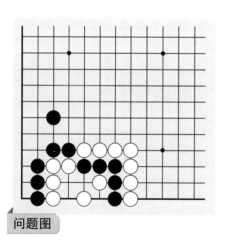

问题图

黑先。本题比较简单，但很多人面对此棋形总是会犯错误，这或许说明越是明显的东西越有可能存在陷阱。那么请问黑棋应如何下？

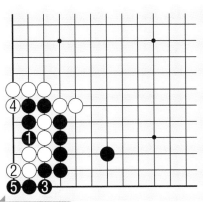

图 1 正解

问题 15 解说

图 1 正解

黑 1 很平常地收气是好棋，白 2 应时，黑 3、5 紧气后，黑棋可以保证胜利。

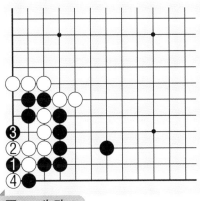

图 2 失败 1

图 2 失败 1

黑 1 扳，白 2 挡后，双方将不可避免地下成打劫，黑棋明显不满。

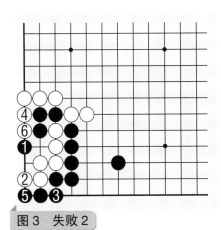

图 3 失败 2

图 3 失败 2

黑 1 尖看似妙着，但实际上是过于追求技巧的下法，以下进行至白 6，黑棋不活。

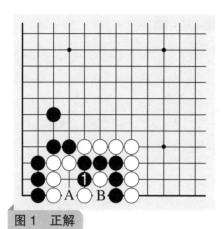

图1　正解

问题 16 解说

图 1　正解

黑1直接打吃白一子是正确的下法，黑棋由于有了这手棋，将可终结白棋的所有抵抗，白A应或白B连接都不成立。

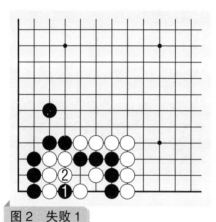

图2　失败1

图 2　失败 1

黑1扑是错误的下法，白2提子后，白棋可有眼杀无眼。

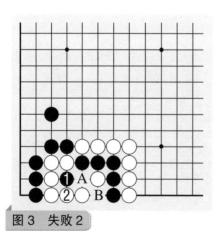

图3　失败2

图 3　失败 2

黑1打吃，白2连接，黑棋失败。其后黑棋A位和B位都不入气，而白棋却可以在A位下棋。

问题 17 ▶▶

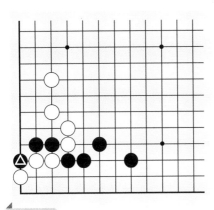

问题图

黑先。左边黑棋三子已非常危险，那么请问黑棋如何下才能使三子摆脱危险？黑棋如果急于救出黑△一子，黑棋的生存之门将被关上。

问题 18 ▶▶

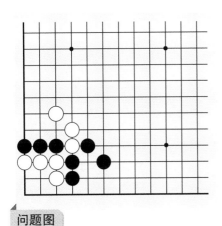

问题图

黑先。角上白棋已具备眼形，因此黑棋如果此时退却，肯定难逃失败的命运。那么请问黑棋摆脱危机的手筋是什么？

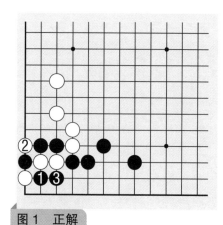

图 1 正解

问题 17 解说

图 1　正解

黑棋暂时不去照顾被打吃的一子。黑 1 断打是妙着，白 2 提子时，黑 3 打吃即可。

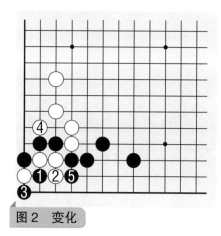

图 2　变化

图 2　变化

黑 1 时，白 2 如果进行抵抗，黑 3、5 后，结果仍是黑胜。

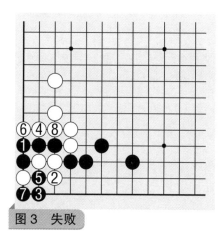

图 3　失败

图 3　失败

黑 1 如果连接，白 2 应后，黑棋失败。黑 3 以下进行至白 8，黑棋明显不行。

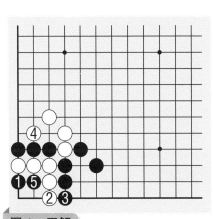

图 1　正解

问题 18 解说

图 1　正解

黑 1 先点是摆脱困境的正确下法，白 2 进行抵抗时，黑 3、5 应对，黑棋即可解决问题。

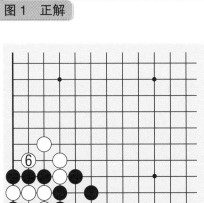

图 2　失败 1

图 2　失败 1

黑 1 扳时，白 2 可以反击，黑 3 再点时，白 4 提子，双方将不可避免地下成打劫，黑棋不满。

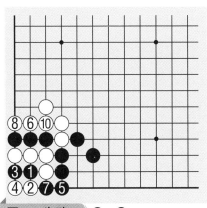

图 3　失败 2　❾＝❶

图 3　失败 2

黑 1 是俗手，白 2 以下至白 10，黑棋被吃。

问题 19 ▶▶

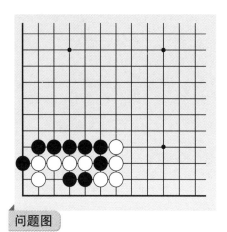

黑先。请问黑棋在本题中应如何利用角的特殊性来与白棋对杀？第一手棋将是成败的关键。

问题图

问题 20 ▶▶

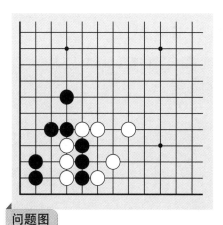

黑先。中间的黑棋三子如果要想活，唯一的出路是吃住左侧的白棋三子。那么请问黑棋应如何下？

问题图

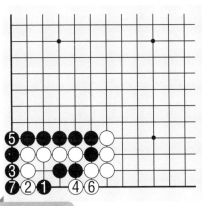

图 1　正解

问题 19 解说

图 1　正解

黑 1 尖是好棋，白 2 如果挡，黑 3 以下至黑 7 紧气后，黑棋可以轻松解决问题。

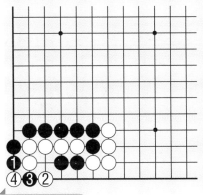

图 2　失败 1

图 2　失败 1

黑 1 爬，被白 2 抵抗后，双方将不可避免地下成打劫。

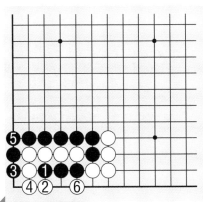

图 3　失败 2

图 3　失败 2

黑 1 是没有任何效果的下法，以下进行至白 6，白棋可以吃住黑三子。

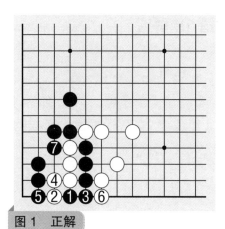

图1 正解

问题 20 解说

图1 正解

黑1、3扳接，是角上黑棋连接和紧气的手筋。以下进行至黑7，是对黑扳接效果的确认。

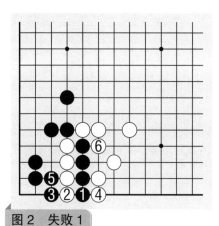

图2 失败1

图2 失败1

黑1单纯下立，仅仅能阻止白棋连接，但以下进行至白6，结果黑棋失败。

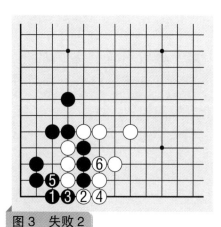

图3 失败2

图3 失败2

黑1尖的下法在对杀中经常出现，但在本题中却是俗手。以下进行至白6，黑棋失败。

问题 21 ▶▶

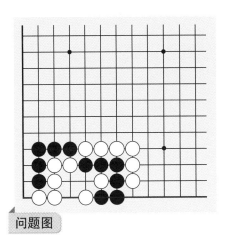

问题图

黑先。黑棋如何才能在对杀中获胜。如果黑棋过于随手，将会受到白棋的反击，因此黑棋需要冷静。那么请问黑棋应如何下？

问题 22 ▶▶

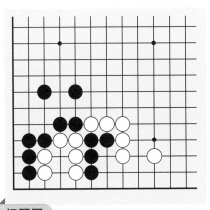

问题图

黑先。黑棋如果单单紧气，胜利女神将会离自己越来越远。黑棋只有掌握攻击白棋的手筋，才能迫使白棋就范。那么请问黑棋应如何下？

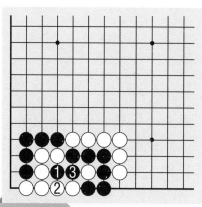

图1 正解

问题 21 解说

图1 正解

黑1是手筋，白2如果连接，黑3提去白棋一子后，黑棋成功。

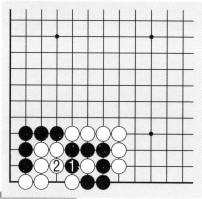

图2 失败1

图2 失败1

黑1先提去白棋一子过于随手，白2进行抵抗，双方将不可避免地下成打劫。

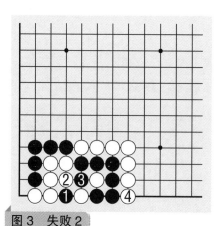

图3 失败2

图3 失败2

黑1扑是错误的下法，白2提子时，黑3不得已还须提子，其后白4挡，黑棋只好提劫，这样下的效果还不及图2。

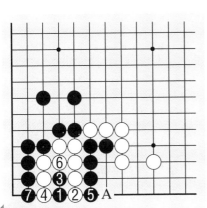

图1 正解

问题22 解说

图1 正解

黑1点是确保黑棋取得胜利的急所，白2如果切断，黑3又是连贯的好棋，以下进行至黑7，黑棋胜利。其中白2如果下在5位扳，黑A挡即可。

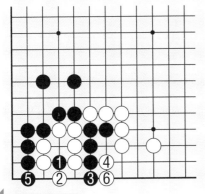

图2 失败1

图2 失败1

黑1是错误的下法，而白2很好，其后黑3下立，白4、6开始紧气，黑棋无法抵抗。

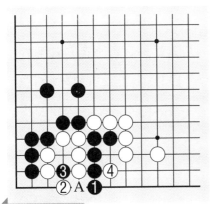

图3 失败2

图3 失败2

黑1下立，白2应后，黑棋失败。其后黑3，又还原成图2的进行。由上分析，我们可以看出2位急所的重要性。

问题 23 ▶▶

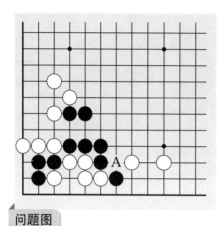

黑先。本题中的 A 位断点是黑棋的弱点，而角上的黑棋三子也很危险。那么请问黑棋应如何下？

问题 24 ▶▶

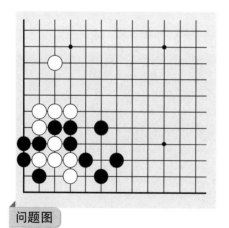

黑先。本题虽然看起来比较简单，但如果黑棋下得不好，则会遭到白棋的反击。黑棋目前首要的任务是为自己长气。请问黑棋应如何下？

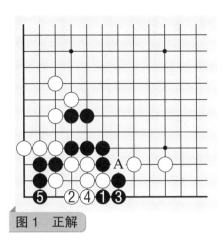

图 1　正解

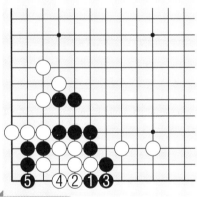

图 2　变化

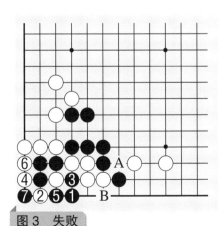

图 3　失败

问题 23 解说

图 1　正解

黑 1 扳是唯一的手筋，黑棋如能发现这一下法，其后的进行将非常顺利。以下至黑 5，黑在对杀中取胜。白棋没有攻击黑 A 位断点和角上三子的机会。

图 2　变化

黑 1 时，白 2 如挡，黑 3 连接即可。不过白 2 时，黑 3 如果下在 4 位，而白棋 3 位提后，将会出问题，这一点应予以注意。

图 3　失败

黑 1 点虽看似急所，但由于有白 2 的抵抗手段，以下进行至黑 7，双方下成打劫。黑棋失败。黑 1 时，白 2 如在 A 位断，黑 B 可以扳，白棋不行。

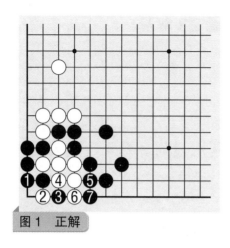

图 1 正解

问题 24 解说

图 1　正解

黑 1 连接，巧妙地为自己长气，是稳健的手筋。其后的进行将会比较顺利，以下至黑 7，黑棋成功。

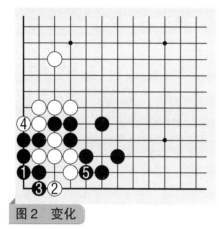

图 2　变化

图 2　变化

黑 1 时，白 2 如果尖，黑 3 可以先做出一眼，至黑 5，结果仍是黑胜。

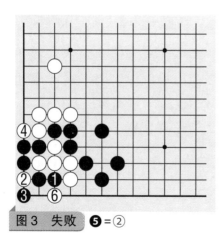

图 3　失败　❺=②

图 3　失败

黑 1 忙于紧气，是未能充分考虑到自身弱点的轻率下法，白 2 扑，以下进行至白 6，黑棋失败。

问题 25 ▶▶

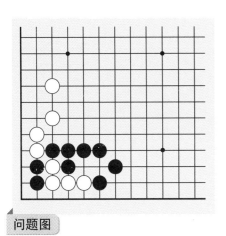

黑先。角上黑棋二子看起来已被白棋吃住，但只要黑棋能下出手筋，完全可以起死回生。那么请问黑棋应如何下？

问题图

问题 26 ▶▶

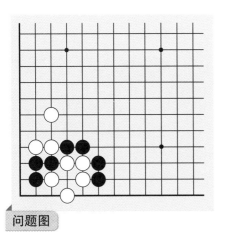

黑先。本题中黑棋可供选择的位置只有两处，因此对黑棋来说并不困难。但越是这种时候，越应慎重。那么请问黑棋应如何下？

问题图

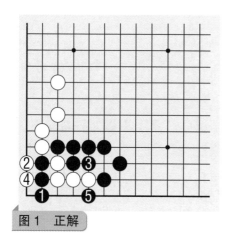

图1　正解

问题 25 解说

图1　正解

　　黑1下立是正确的，白2时，黑3开始紧气，结果黑棋胜利。

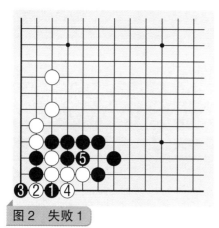

图2　失败1

图2　失败1

　　黑1扳是想要紧气的下法，白2扑进行反击后，双方不可避免地下成打劫。

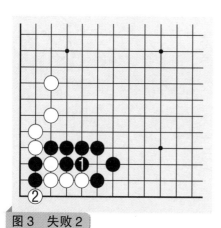

图3　失败2

图3　失败2

　　黑1先紧气，白2扳，结果黑棋气不够。

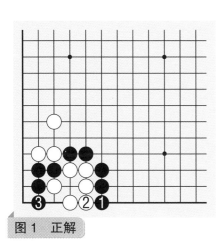

图1　正解

问题 26 解说

图1　正解

黑1下立是正确的方向，白2团时，黑3再下立，结果黑棋可以吃住白棋。

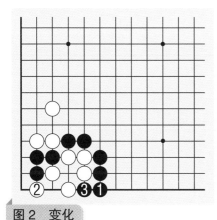

图2　变化

图2　变化

黑1时，白2如果扳，黑3挤吃即可成功。因此黑1时，白棋已走投无路。

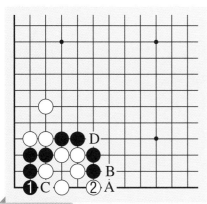

图3　失败

图3　失败

黑1下立方向错误，白2扳后，黑棋已无法无条件吃住白棋。其后黑A如果挡，白B或白C应后，双方下成打劫；或者黑C打，白D断，黑棋依然难受。

问题 27 ▶▶

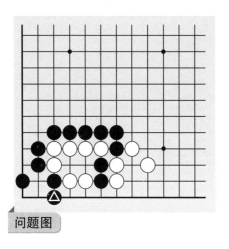

黑先。被白棋围住的黑棋二子已经岌岌可危，那么请问黑棋应如何充分利用黑▲一子来救援？

问题图

问题 28 ▶▶

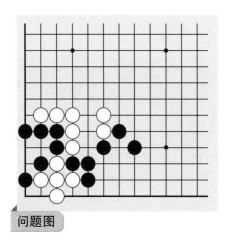

黑先。黑白双方在角地展开了接触战，黑棋在左侧已可确保一眼，但如果黑棋应对有误，则会遭到白棋的反击。那么请问黑棋应如何下？

问题图

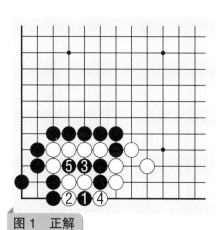

图 1 正解

问题 27 解说

图 1 正解

黑 1 扳，白 2 时，黑 3 打吃是很好的次序，由于黑 1 的作用，白棋不能在 5 位连接。至黑 5，黑棋安然联络并吃住白子。

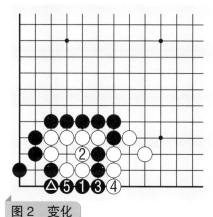

图 2 变化

图 2 变化

黑 1 时，白 2 如果打吃，黑 3 可以连接。白棋由于不入气，因而无法在 5 位切断，于是黑 5 渡过。由此可以证明黑▲一子的作用。

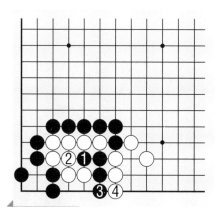

图 3 失败

图 3 失败

黑 1 先打吃次序错误，白 2 反打后，黑三子将被吃住。

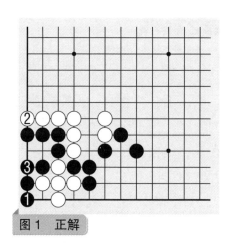

图 1 正解

问题 28 解说

图 1 正解

黑棋在左侧可确保一眼，黑 1 爬入消除白棋抛劫的余味后，黑棋自然可以在对杀中取胜。

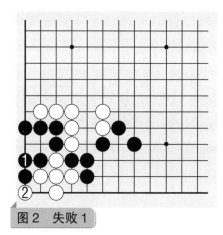

图 2 失败 1

图 2 失败 1

黑 1 连接，其目的无非是加固自己，但白 2 抛劫，黑棋不满。

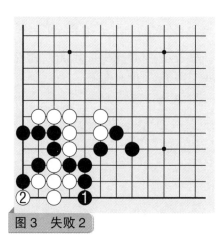

图 3 失败 2

图 3 失败 2

黑 1 下立，白 2 抛劫后，双方不可避免地下成打劫。

问题 29 ▶▶

黑先。本题的类型与前面出现的棋形有些相似，重温一下会帮助您加强记忆。那么请问黑棋应如何下？

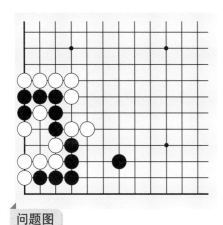

问题图

问题 30 ▶▶

黑先。黑棋如何救出处于困境的下边黑子？黑棋如果不能意识到存在的危险，就很可能会遭到失败。那么请问黑棋应如何下？

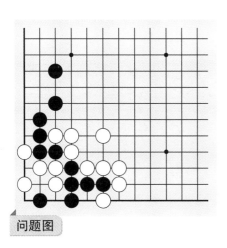

问题图

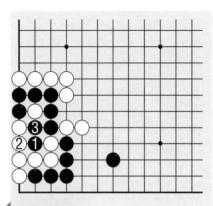

图1 正解

问题 29 解说

图1 正解

黑1是手筋，白2如果连接，黑3提去白一子后，黑棋成功。

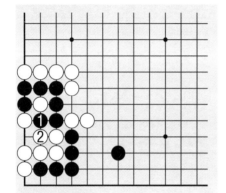

图2 失败1

图2 失败1

黑1如果先提子，白2后，双方将不可避免地下成打劫。

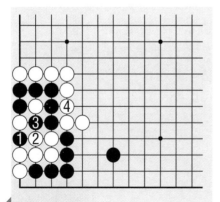

图3 失败2

图3 失败2

黑1扑是自找麻烦的下法，至白4，双方下成打劫。

问题 30 解说

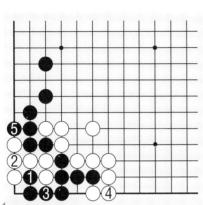

图 1　正解

图 1　正解

黑 1 挤是正确的下法，白 2 如果连接，黑 3 也连接，至黑 5，黑棋在对杀中比白棋快一气。

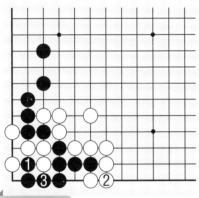

图 2　变化

图 2　变化

黑 1 时，白 2 如果连接，黑 3 打吃即可。

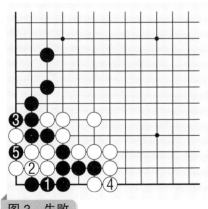

图 3　失败

图 3　失败

黑棋如果过于担心被切断而黑 1 连接，则白 2 以下至黑 5，双方不可避免地下成打劫。

问题 31 ▶▶

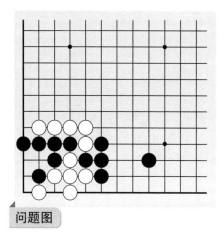

问题图

黑先。本题同样是有关有眼杀无眼的问题，但是黑棋如果行棋不慎，将会遭到白棋的抵抗。那么请问黑棋应如何下？

问题 32 ▶▶

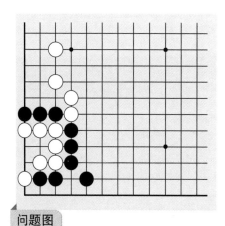

问题图

黑先。围棋的行棋次序与死活息息相关，一次次序错误将有可能改变整个棋的命运。请问本题中的黑棋应如何下？下成打劫对黑棋来说就是失败。

问题 31 解说

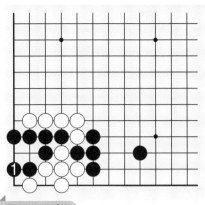

图 1　正解

　　黑 1 下立首先确保一眼是正确的下法，其后不论白棋如何努力，都难逃被吃的命运。

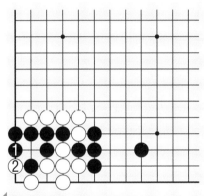

图 2　失败 1

图 2　失败 1

　　黑 1 时，白 2 扑，白棋可以用打劫的手段来进行抵抗。

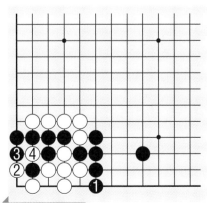

图 3　失败 2

图 3　失败 2

　　黑 1 从右边下立，准备紧白棋的气，但白 2 可以直接抛劫，黑棋失败。因此可以证明，2 位是必争之处。

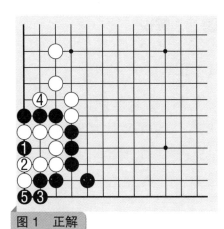

图 1　正解

问题 32 解说

图 1　正解

黑 1 首先点与白 2 进行交换是不可缺少的次序，其后黑 3 开始紧气，至黑 5，白棋被吃。

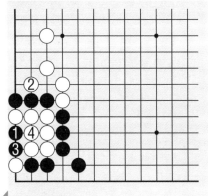

图 2　变化　❺=❸

图 2　变化

黑 1 时，白 2 如果紧气，黑 3 直接扑入即可，至黑 5，可以倒扑吃白棋。

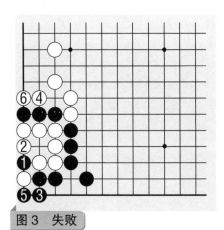

图 3　失败

图 3　失败

黑 1 先扑错误，以下进行至白 6，黑棋失败。其原因是黑 1 未能发挥紧气的作用。

问题 33 ▶▶

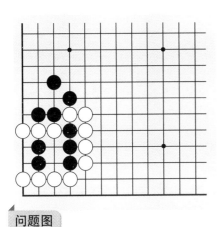

黑先。黑棋如何才能救回被白棋包围的黑五子？请问黑棋应如何下？

问题图

问题 34 ▶▶

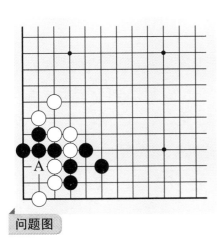

黑先。如果能下在 A 位，白棋将可成有眼杀无眼。那么请问黑棋应如何阻止白棋做眼，其正确的下法是什么？

问题图

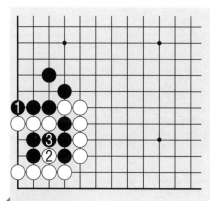

图 1　正解

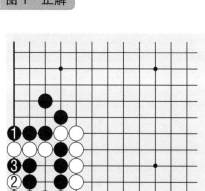

图 2　变化

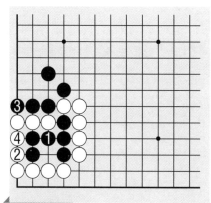

图 3　失败

问题 33 解说

图 1　正解

黑 1 开始紧气是正确的下法，白 2 时，黑 3 阻断，结果黑棋可以吃住白三子。

图 2　变化

黑 1 时，白 2 如果下在一路，黑 3 打吃即可解决问题。

图 3　失败

黑 1 连接，从里侧开始紧气是俗手，以下进行至白 4，形势发生了逆转。

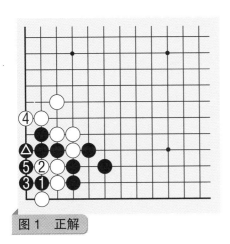

图 1 正解

问题 34 解说

图 1　正解

黑棋应充分利用下立的黑▲一子的作用，因此黑 1 嵌是绝对不可以错过的机会。白 2 时，黑 3 可以下立，由于有黑▲子的存在，白棋无法下在 5 位，结果黑棋成功。

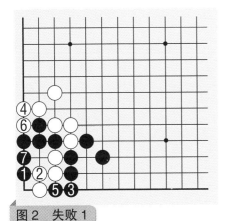

图 2　失败 1

图 2　失败 1

黑 1 单跳虽然也可以考虑，但白棋有白 2 的抵抗手段，以下进行至黑 7，黑棋下成后手双活。

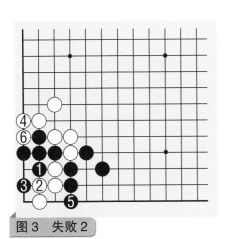

图 3　失败 2

图 3　失败 2

黑 1 是俗手，白 2 连接，以下进行至白 6，白棋快一气。

问题 35 ▶▶

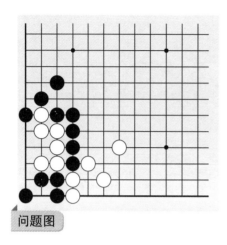

黑先。初看黑白双方各有一只眼，因而可能断定双方双活。但目前黑棋先下，黑棋可以破白棋的眼位。那么请问黑棋的手段是什么？

问题图

问题 36 ▶▶

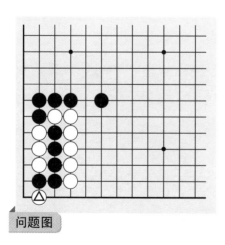

黑先。黑棋五子如果要想安全，就必须彻底消除白△子的作用，因此黑棋在处理时有一定难度。那么请问黑棋应如何利用角的特殊性来杀白三子？

问题图

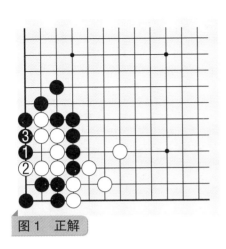

图 1　正解

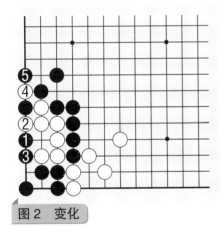

图 2　变化

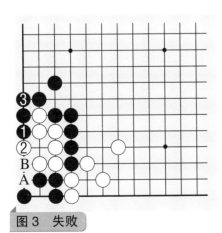

图 3　失败

问题 35 解说

图 1　正解

黑 1 点是极其严厉的手筋，也是致命一击。白 2 如果阻断，黑 3 可以渡过，结果黑棋有眼杀无眼。

图 2　变化

黑 1 时，白 2 如从上边断，黑 3 联络后，黑棋仍可以有眼杀无眼。

图 3　失败

黑 1 直接紧气，白 2 挡后，白棋不仅可以确保一眼，而且将来还可以考虑在 A 位抛劫。如果白棋不愿打劫，也可以下在 B 位双活。

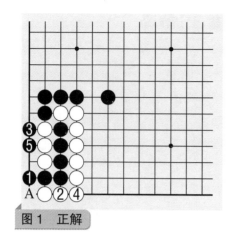

图1　正解

问题 36 解说

图1　正解

黑1冷静地下立是手筋，白2拉回时，黑棋则可利用白棋无法在A位下子的特点而于黑3开始紧气，结果黑胜。

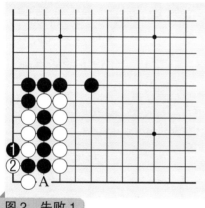

图2　失败1

图2　失败1

黑1扳，其意图是白棋下在A位时，黑棋在2位连接，但这只是黑棋单方的想法。白2可以扑劫，黑棋失败。

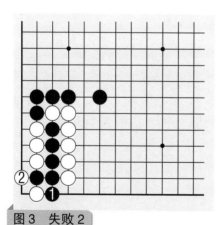

图3　失败2

图3　失败2

黑1直接切断白棋，白2打吃后，双方必然下成打劫。

问题 37 ▶▶

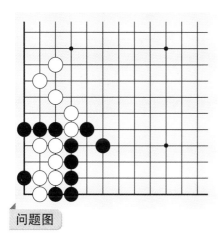

问题图

黑先。黑棋如果要与白棋下成打劫非常容易，但现在的问题是要无条件吃住白棋。那么请问黑棋应如何下？

问题 38 ▶▶

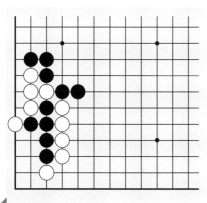

问题图

黑先。如何救活处于困境的黑五子是黑棋面临的问题。黑棋如果行棋不慎，将会遭到白棋的连打。那么请问黑棋应如何下？

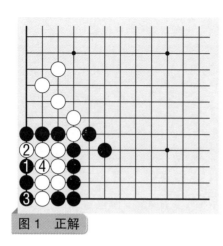

图 1 正解

问题 37 解说

图 1　正解

黑 1 是避免打劫同时破白棋眼的急所，白 2 如果阻止黑棋联络，黑 3 则可以紧气，白 4 提，后续变化见图 2。

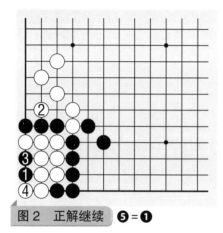

图 2　正解继续　❺＝❶

图 2　正解继续

黑 1 点，以下进行至黑 5，黑棋取胜。

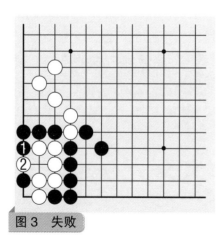

图 3　失败

图 3　失败

黑 1 爬，被白 2 做劫，黑棋失败。

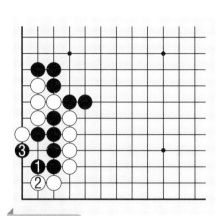

图1 正解

问题 38 解说

图 1 正解

黑1首先曲下，整形是正确下法，也是黑棋长气的手筋。白2时，黑3挡，黑棋可以胜利。

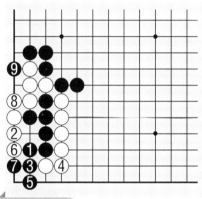

图2 变化

图 2 变化

黑1曲时，白2反击是黑棋事先已考虑到的，黑3拐是准备好的下法。以下进行至黑9，黑棋有眼杀无眼。

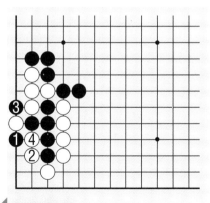

图3 失败

图 3 失败

黑1挡，被白2、4连续打吃，黑棋失败。

问题 39 ▶▶

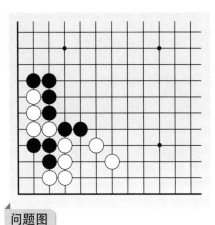

问题图

黑先。本题是实战中出现频率很高的棋形，如果对这一棋形比较熟的话，将会立即找出标准答案。那么请问黑棋应如何下？

问题 40 ▶▶

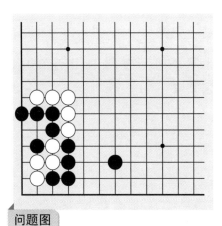

问题图

黑先。左边黑棋如何构筑防线是目前最重要的课题，即当务之急是如何确保眼位。那么请问黑棋应如何下？

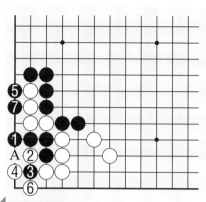

图1 正解

问题 39 解说

图1　正解

黑1下立是要点，但问题并没有就此结束。白2时，黑3打是手筋，白4反打时，黑5、7紧气，黑棋取胜。黑3后，白棋不能下在A位，正是黑3所发挥的作用。

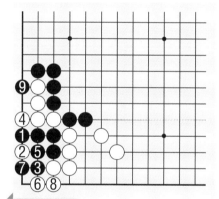

图2　变化

图2　变化

黑1时，白2不行，以下进行至黑9，黑棋收获更大。其中，白4如果下在7位，黑棋不可下在6位，否则正中白棋的计谋，白棋可在4位一气吃黑棋。

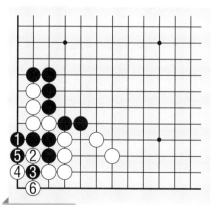

图3　错误

图3　错误

白2时，黑3打吃，白4反打，黑5如提子，白6可以做劫，黑棋失败。

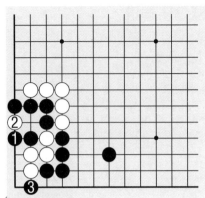

图1 正解

问题40 解说

图1 正解

黑1下立首先做成一眼是正确的，白2时，黑3扳，黑棋可以有眼杀无眼。

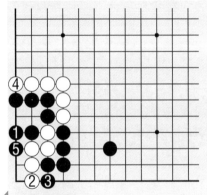

图2 变化

图2 变化

黑1下立确保一眼时，白2同样下立，其目的也在于做眼。黑3挡，其后黑5紧气，黑棋同样可以取胜。其胜因是黑棋有4位的外气。

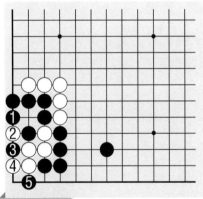

图3 失败

图3 失败

黑1虽然也可以确保一眼，但白2、4是做劫的常用手筋，至黑5，双方下成打劫。

问题 41 ▶▶

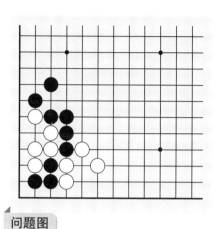

黑先。本题中的黑棋只有走出正确的次序才能够起死回生，其第一手棋是解决问题的关键。那么请问黑棋应如何下？

问题图

问题 42 ▶▶

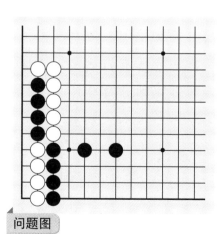

黑先。位处边上的白棋四子和黑棋四子都只有四口气，要活棋，唯一的出路是吃住对方。那么请问黑棋应如何下？

问题图

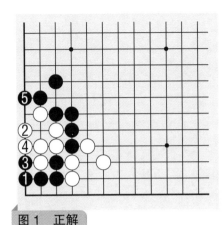

图1 正解

问题 41 解说

图1 正解

黑1下立是正确的下法，白2即使做眼，黑3、5也可以紧气，结果黑棋快一气。

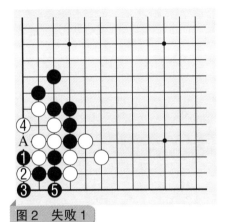

图2 失败1

图2 失败1

黑1扳操之过急，白2扑后，白4可先手双活。白4若下A位，双方不可避免地下成打劫。

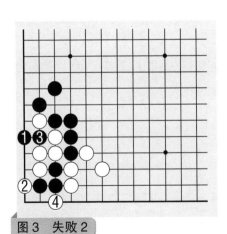

图3 失败2

图3 失败2

黑1点缺少对策，白2扳后，黑棋只能吃到白棋一子，无疑黑棋失败。

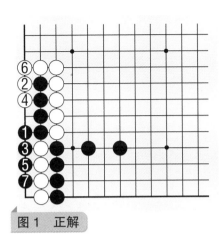

图1 正解

问题 42 解说

图 1 正解

黑1下立是唯一的手筋。黑1后，黑棋肯定会有好的结果。

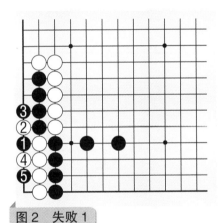

图2 失败1

图 2 失败 1

黑1扳，白2扑后，双方必然下成打劫。

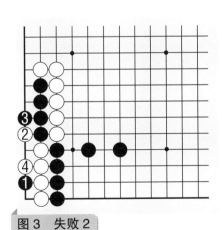

图3 失败2

图 3 失败 2

黑1点虽看似急所，但白2扳后，黑棋难受。其后黑3时，白4是做劫的好手，结果又下成打劫。

问题 43 ▶▶

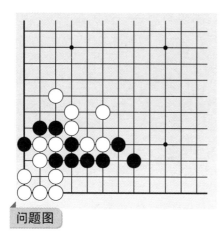

问题图

黑先。本题是由著名的"大头鬼"中派生出的棋形。角上白棋虽有一眼，但并不可怕。那么请问黑棋如何下才能一举取胜？

问题 44 ▶▶

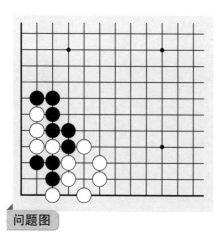

问题图

黑先。本题中的黑棋应首先整形，以防备来自白棋的攻击。那么请问黑棋应如何下？

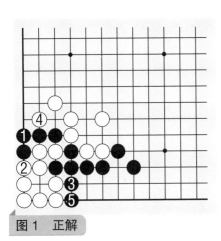

図1　正解

问题 43 解说

图 1　正解

黑 1 连接是不易考虑到的好棋，白 2 连接，以下进行至黑 5，黑快一气胜。

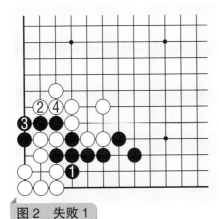

图2　失败1

图 2　失败 1

黑 1 首先从外侧紧气，但白 2、4 后，黑棋失败。现在可以发现角上白棋一眼的作用。

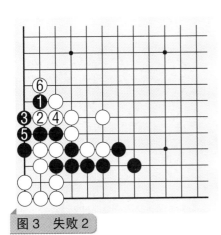

图3　失败2

图 3　失败 2

黑 1 谋求从外侧逃出，但白 2 挖，以下至白 6，黑棋无法如意。

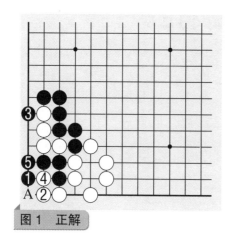

图 1　正解

问题 44 解说

图 1　正解

黑 1 尖是利用角特殊性进行防守的急所，白 2 必须爬，其后黑 3 扳，至黑 5，黑棋快一气。A 位不入气是白棋的痛苦。

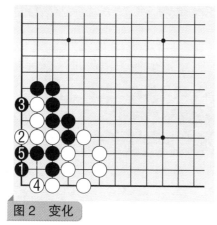

图 2　变化

图 2　变化

黑 1 时，白 2 如寻求变化，黑 3、5 应后，黑棋同样取胜。其中黑 3 如果下在 4 位挡，白棋下在 5 位后，双方将下成打劫。

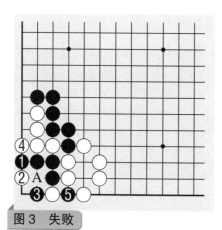

图 3　失败

图 3　失败

黑 1 下立是不充分的下法，白 2 应是好棋，结果双方不可避免地下成打劫。其中黑 1 如果下在 4 位扳，白 A 打后，黑死。

问题 45 ▶▶

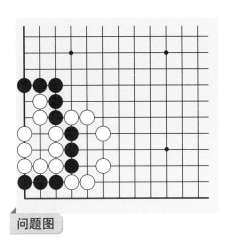

问题图

黑先。黑棋如果让白棋做成两只眼，黑角上三子和中间三子将毫无生路。那么请问黑棋应如何下？

问题 46 ▶▶

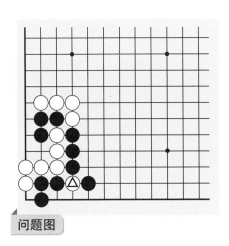

问题图

黑先。白△一子并非丝毫无用，我们对此应引起足够的重视。而黑棋如果忽视了白△子的作用，就可能犯错误。那么请问黑棋应如何下？

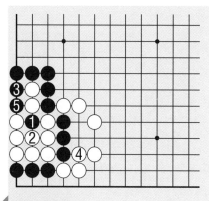

图 1 正解

问题 45 解说

图1 正解

黑1扑是绝妙的手筋，不仅可以阻止白棋下成两眼，而且还可以紧白棋的气。白2如果提子，黑3爬，结果黑可快一气吃白。

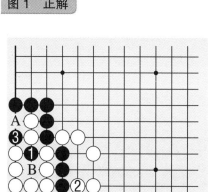

图 2 变化

图2 变化

黑1时，白2如果紧气，黑3则下成双倒扑。其后若白A提，黑棋就可在3位反提；或者白B提子时，黑棋则在1位反提白棋。

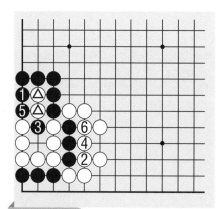

图 3 失败

图3 失败

黑1缺少谋略，白棋可置白△二子于不顾，而下白2、4、6吃右侧黑三子。

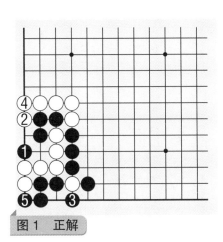

图1　正解

问题 46 解说

图1　正解

黑1尖是正确的下法，白棋为了防止黑棋成眼而白2扳，此时黑3提子稳健，至黑5，黑胜。

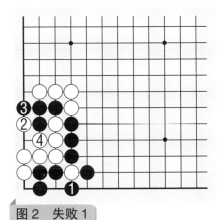

图2　失败1

图2　失败1

黑1先提子，白2则是手筋，至白4，双方下成打劫。

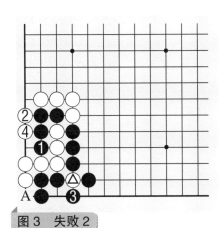

图3　失败2

图3　失败2

黑1开始紧气是俗手，白2扳后，黑棋难免失败的命运。由于有白△子的作用，黑棋不能立即在A位入气，而只好黑3提子，结果白胜。

问题 47 ▶▶

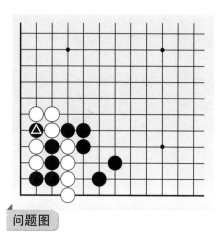

问题图

黑先。与本题相似的问题已在前面出现过，那么请问黑棋在本题中应如何下？对黑▲一子的利用如何，将是黑棋能否成功的关键。

问题 48 ▶▶

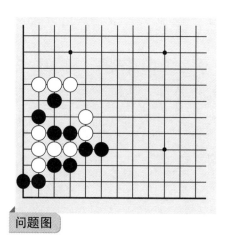

问题图

黑先。本题中的黑棋在棋形上存在缺点，如果应对不慎，将有可能遭到白棋的连打。那么请问黑棋应如何下？

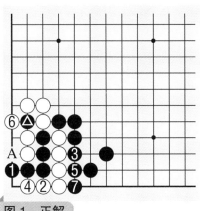

图 1 正解

问题 47 解说

图 1 正解

黑 1 下立是手筋，白 2 以下至黑 7，黑棋取胜。由于有黑⚫子的作用，白 6 不能立即下在 A 位，而必须花一手棋提子。

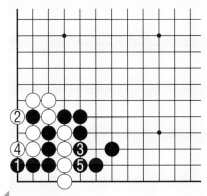

图 2 变化

图 2 变化

黑 1 时，白 2 如果提子，黑 3、5 则可以在右侧紧气，结果仍是黑胜。

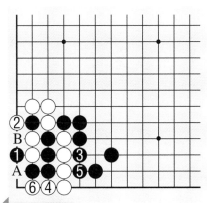

图 3 失败

图 3 失败

黑 1 打吃是大恶手，白 2 以下至白 6 进行后，黑 A 如果连接，白 B 可以连打。

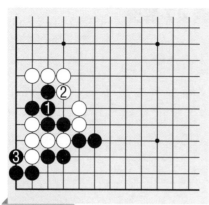

图1 正解

问题48解说

图1 正解

黑1连接是正确下法，其后白2、黑3各自开始紧气，结果黑胜。

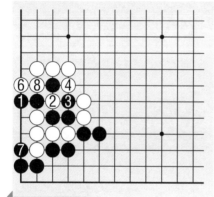

图2 失败1 ❺=②

图2 失败1

黑1如果下立，白2扑，黑3提，以下进行至白8，结果黑棋失败。

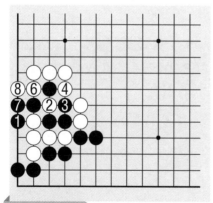

图3 失败2 ❺=②

图3 失败2

黑1如果扳，白2扑，以下进行至白8，黑棋同样失败。

问题 49 ▶▶

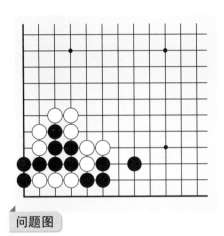

问题图

黑先。左下角的黑棋八子已经非常危险，黑棋摆脱危机的方法只有攻击白棋的弱点。那么请问黑棋的手筋是什么？

问题 50 ▶▶

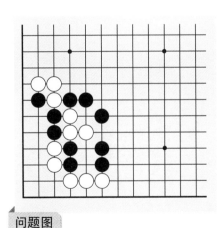

问题图

黑先。黑棋只有吃住中间的白棋三子，才能取得对杀的胜利，但事先必须做好准备工作。那么请问黑棋应如何下？

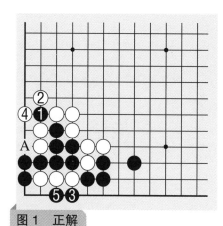

图1 正解

问题 49 解说

图1 正解

黑1先断是手筋，白2打吃，黑3紧气，由于黑1的作用，白棋不能下在A位，而只好白4提子，结果黑胜。

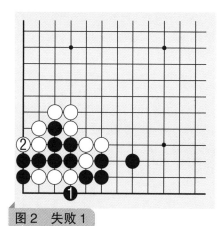

图2 失败1

图2 失败1

黑1如果直接紧气，白2打吃后，黑棋失败。

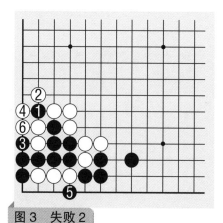

图3 失败2

图3 失败2

黑1断虽是正确的下法，但白2时，黑3打吃是大恶手，进行至白6，黑棋失败。

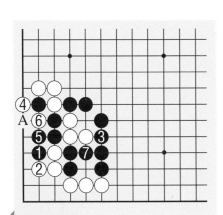

图1 正解

问题 50 解说

图1 正解

　　黑1扳是长气的手筋，白2挡必然，至黑7连接后，黑棋胜利。其中黑5如果下在6位连接，被白A打后，黑棋将失败。

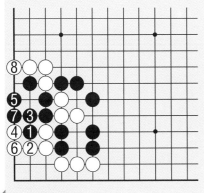

图2 失败1

图2 失败1

　　黑1、白2时，黑3连接过贪，以下进行至白8，黑棋反而失败。

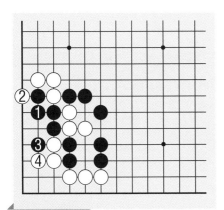

图3 失败2

图3 失败2

　　黑1如果首先连接，白2扳至白4，黑棋也是失败。

问题 51 ▶▶

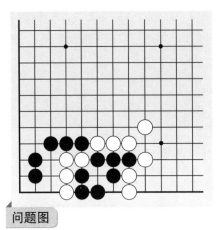

问题图

黑先。本题的问题非常简单，第一手棋就将决定双方的成败。那么请问黑棋长气的常用手筋是什么？

问题 52 ▶▶

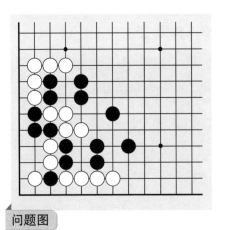

问题图

黑先。黑棋要吃住中间的白子，必须花四手棋，因此左边的黑棋必须长到四气以上。那么请问黑棋应如何下？

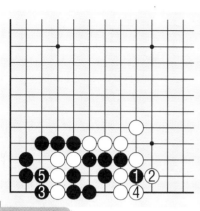

图1 正解

问题51解说

图1 正解

黑1断是利用对方弱点的手筋，也是长气的好棋。白2打吃是必然的，其后黑3、5紧气，结果黑胜。

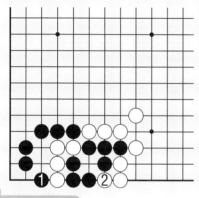

图2 失败1

图2 失败1

黑棋如果不做任何准备，而直接黑1开始紧气，被白2打吃后，黑棋七子被吃。

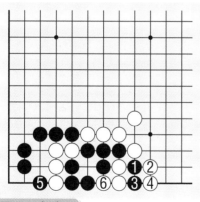

图3 失败2

图3 失败2

黑1断，白2时，黑3下立是错误的下法，白4直接提子，至白6，黑棋失败。

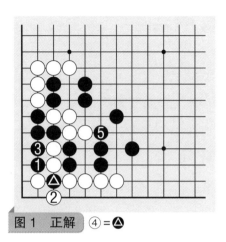

图 1　正解　④ = ▲

问题 52 解说

图 1　正解

黑 1 利用黑 ▲ 子打吃是正确的，白 2 提子时，黑 3 打吃，白 4 连接，结果黑棋可以先手长气，然后黑 5 紧气，黑胜。

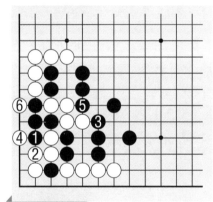

图 2　失败 1

图 2　失败 1

黑 1 直接长过于教条，白 2 后，黑棋并未长气，以下进行至白 6，黑棋失败。

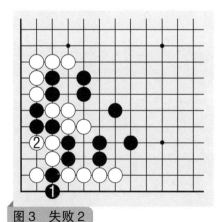

图 3　失败 2

图 3　失败 2

黑 1 下立过于荒唐，让人无法理解，结果必然失败。

问题 53 ▶▶

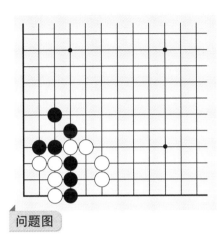

问题图

黑先。本题是实战中经常出现的棋形，因此大家应该牢记。黑棋如果稍有疏忽，很可能下成打劫，这一点黑棋应该充分注意。那么请问黑棋应如何下？

问题 54 ▶▶

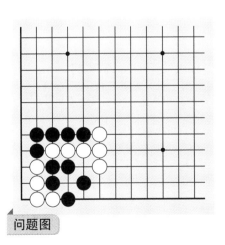

问题图

黑先。本题中黑白双方展开了对杀，那么请问黑棋应如何下？只要黑棋能发现第一手棋，其后的进程将变得简单。

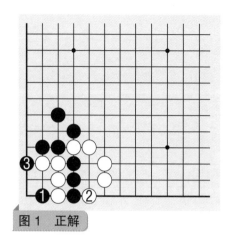

图 1　正解

问题 53 解说

图 1　正解

　　黑 1 靠是手筋，黑棋如能发现这手棋，其后的进行将会非常顺利。白 2 时，黑 3 打吃即可。

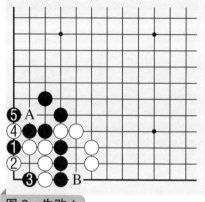

图 2　失败 1

图 2　失败 1

　　黑 1 先扳，白 2 时，黑 3 必须打吃，此时白 4 可以提子，其后黑 5 如果挡，白下 A 位或 B 位，双方将下成打劫。其中黑 5 如果下在 A 位，白棋下 B 位后，黑棋被吃。

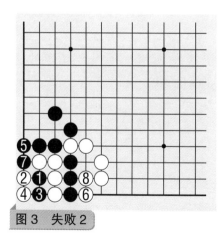

图 3　失败 2

图 3　失败 2

　　黑 1 是未经计算的下法，白 2 以下至白 8，白棋可以吃住黑棋。

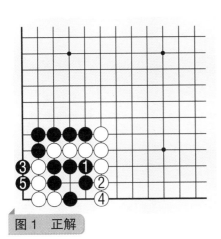

图 1　正解

问题 54 解说

图 1　正解

　　黑 1 首先确保一眼是不可错过的一手，白 2 时，黑 3、5 后，黑棋在对杀中快一口气。

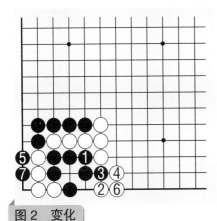

图 2　变化

图 2　变化

　　黑 1 时，白 2 如谋求变化，黑 3 以下至黑 7，黑棋依然可确保胜利。其中黑 3 下在 5 位也有可能，但被白棋下在 3 位后，黑棋官子受损。

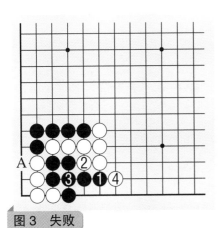

图 3　失败

图 3　失败

　　黑 1 先爬，希望白棋在 4 位挡，但白 2 直接打吃，黑棋不能如愿。

问题 55 ▶▶

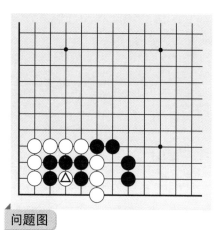

问题图

黑先。左侧的黑五子已被白棋团团围住，做活是不可能的，只有杀掉右侧白三子才能解决问题。那么请问黑棋应如何下？又应如何控制白△一子？

问题 56 ▶▶

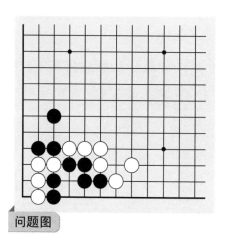

问题图

黑先。黑棋在本题中随随便便地进行紧气，很可能会犯错误。在紧气之前，应该对下边的黑棋进行整形。那么请问黑棋应如何下？

问题 55 解说

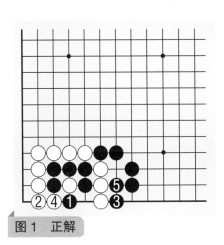

图1 正解

图1 正解

黑1提子是稳健的下法，其后黑白双方各自紧气，结果黑棋快一气。

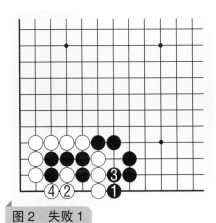

图2 失败1

图2 失败1

黑1紧气，白2下立后，形势发生了逆转，至白4，黑棋失败。

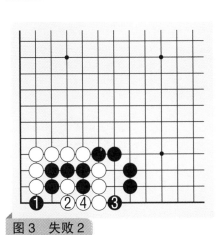

图3 失败2

图3 失败2

黑1扳，白2下立后，结果与图2大同小异。

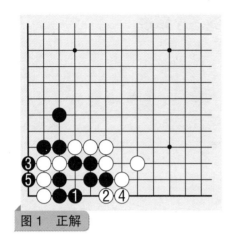

图1 正解

问题 56 解说

图1 正解

黑1首先团眼是非常重要的，其后可以确保紧气成功。

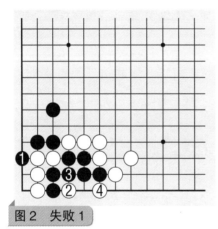

图2 失败1

图2 失败1

黑1如直接紧气，被白2、4连打后，黑棋失败。

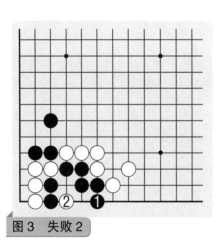

图3 失败2

图3 失败2

黑1下立，被白2打后，黑棋同样失败。

问题 57 ▶▶

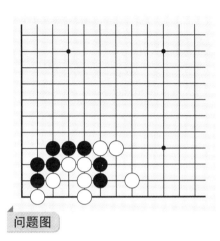

问题图

黑先。如果是计算能力较强的爱好者，一看本局中白棋形即能发现答案所在。黑棋在本题中应该攻击对方的弱点。那么请问黑棋应如何攻击？

问题 58 ▶▶

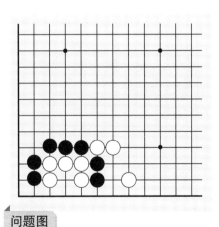

问题图

黑先。黑棋在本题中绝不能容忍白棋下成有眼杀无眼的棋形。那么请问黑棋如何才能破白棋的眼？

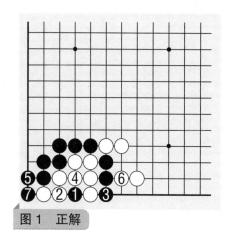

图 1　正解

问题 57 解说

图 1　正解

黑 1 点是对白棋的致命一击，白 2 以下至白 6 进行抵抗，但至黑 7，黑胜。

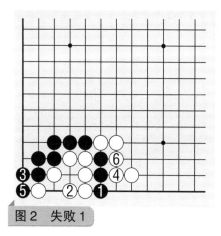

图 2　失败 1

图 2　失败 1

黑 1 先收外气，被白 2 补棋，以下至白 6，黑棋失败。

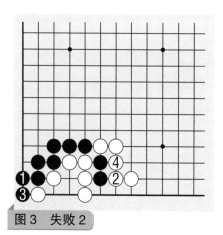

图 3　失败 2

图 3　失败 2

黑 1 下立，同样思考错误，白 2、4 吃住黑棋二子，黑棋失败。

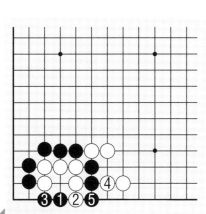

问题 58 解说

图 1　正解

黑 1 点破白棋的眼是急所，白 2 时，黑 3 可以渡过，白 4 紧气，黑 5 挡，黑棋取胜。

图 1　正解

图 2　变化

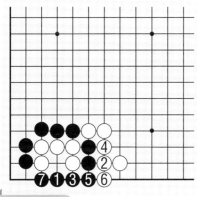

黑 1 时，白 2 如寻求变化，黑 3 渡过是本手，以下进行至黑 7，黑胜。其中黑 3 如果下在 7 位渡过，被白棋下在 5 位，就会出大问题。

图 2　变化

图 3　失败

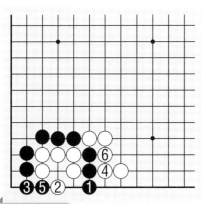

黑 1 下立缺少谋略，白 2 可以做眼，以下进行至白 6，黑棋失败。

图 3　失败

问题 59 ▶▶

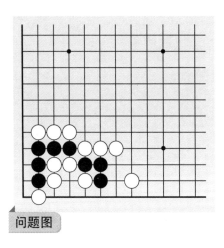

黑先。本题中的黑棋如果行棋不慎，将会遭到白棋的强烈抵抗。那么请问黑棋应如何处理？

问题图

问题 60 ▶▶

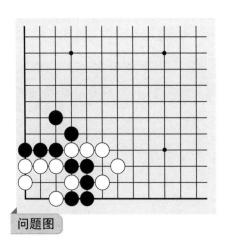

黑先。黑棋立即提去白一子将会落入白棋的陷阱，那么请问黑棋如何下才是正确的？

问题图

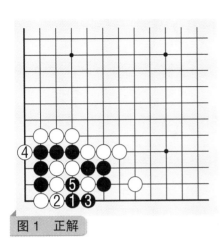

图 1 正解

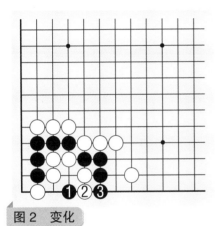

图 2 变化

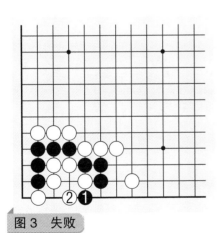

图 3 失败

问题 59 解说

图 1 正解

黑 1 点是手筋，白 2 应后，黑 3、5 可以紧气，结果黑棋取胜。

图 2 变化

黑 1 时，白 2 如果反击，黑 3 挡后，黑棋同样可胜。

图 3 失败

黑 1 打吃白一子，白 2 抵抗后，双方将下成打劫。

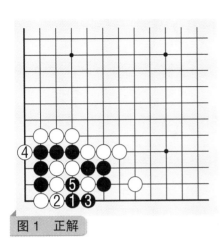

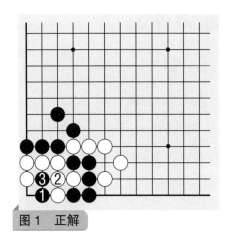

图 1　正解

问题 60 解说

图 1　正解

黑 1 打吃是不易考虑到的好棋，白 2 被迫连接，黑 3 继续打吃，白棋始终只有一口气。

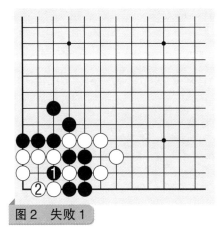

图 2　失败 1

图 2　失败 1

黑 1 提子，被白 2 退后，白棋下成典型的有眼杀无眼，黑棋失败。

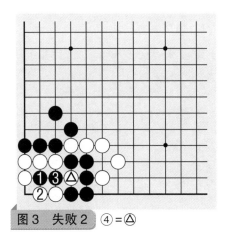

图 3　失败 2　④＝△

图 3　失败 2

黑 1 点是错误的，白 2 应，黑 3 提子，白 4 反提二子，结果仍是白棋有眼杀无眼。

问题 61 ▶▶

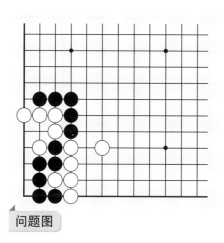

问题图

黑先。黑棋在对白棋紧气之前，应首先抢占急所，方能解决问题。那么请问双方必争的急所在哪里？

问题 62 ▶▶

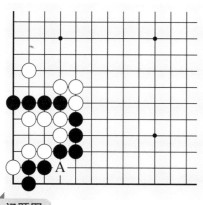

问题图

黑先。黑棋如不能正确把握急所，将很可能下成打劫。那么请问黑棋的手筋是什么？黑棋在下棋时应充分考虑到自身 A 位的弱点。

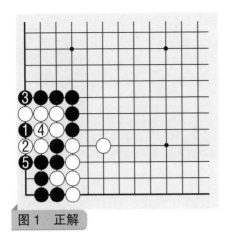

图 1 正解

问题 61 解说

图 1 正解

黑 1 点是双方必争的急所，以下至黑 5，黑棋胜利。

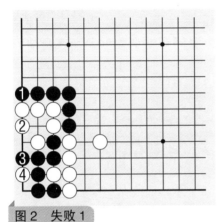

图 2 失败 1

图 2 失败 1

黑 1 挡错失急所，白 2 可以进行抵抗，黑 3 时，白 4 点进去，结果下成双活。

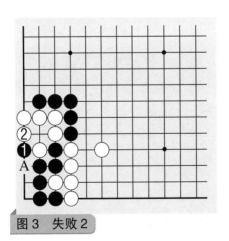

图 3 失败 2

图 3 失败 2

黑 1 打吃，白 2 可以做劫。黑 1 如果下在 A 位，白棋也可以在 2 位进行抵抗。

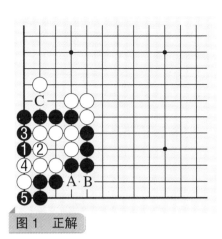

图 1 正解

问题 62 解说

图 1　正解

黑 1 点是急所，以下进行至黑5，黑棋在对杀中取胜。但黑棋如果认为自己有三口外气，而不下黑5，则会惹来麻烦，即白 A 断可以成立，黑 B 时，白 C 应后，形势将发生逆转。

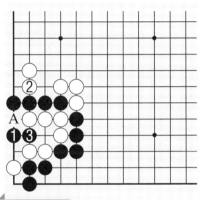

图 2　变化

图 2　变化

黑 1 时，白 2 如求变化，黑 3 或黑 A 应后，黑棋同样取胜。

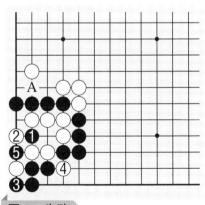

图 3　失败

图 3　失败

黑 1 挖错误，白 2 至黑 5 进行后，双方下成打劫，黑棋的负担重。其中黑 3 如果在 4 位连接，白 A 紧气后，黑棋气不够。

问题 63 ▶▶

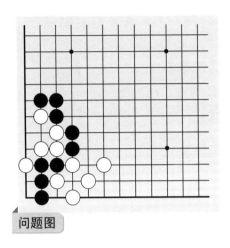

问题图

黑先。本题同样是首先抢占急所的问题。那么请问黑棋如何下才能确保胜利,其手筋是什么?

问题 64 ▶▶

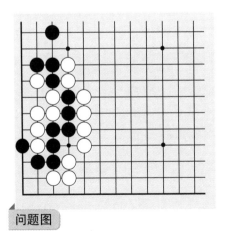

问题图

黑先。黑棋在本题中如果只考虑自己长气,就有可能丧失局面的主动权。那么请问黑棋应如何下?

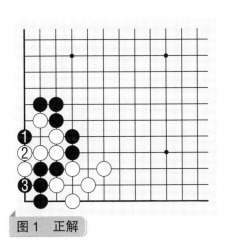

图 1 正解

问题 63 解说

图 1 正解

黑 1 点抢占急所，白 2 连接不得已，黑 3 打吃后，黑棋取胜。

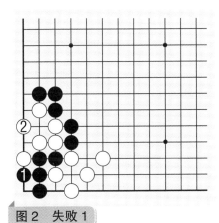

图 2 失败 1

图 2 失败 1

黑 1 先打，白 2 做劫，结果黑棋无法无条件吃住白棋。

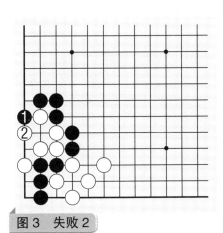

图 3 失败 2

图 3 失败 2

黑 1 打吃，白 2 仍可以做劫，双方又下成打劫。

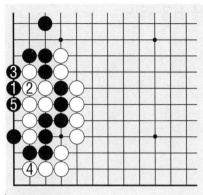

图1 正解

问题 64 解说

图1 正解

黑1点是正确的下法，白2如果连接，黑3、5紧气后，可以吃住白棋。

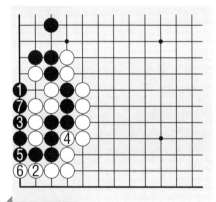

图2 变化

图2 变化

黑1时，白2如寻求变化，黑3则是准备好的一手，以下进行至黑7，仍是黑胜。

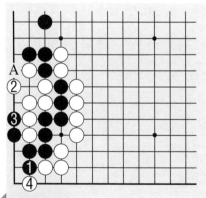

图3 失败

图3 失败

黑1拐，想自己长气，但被白2做眼后，黑棋反而失败。其后黑3时，白4扳，白棋有眼杀无眼。其中黑1如果下在A位，白棋紧气即可。

问题 65 ▶▶

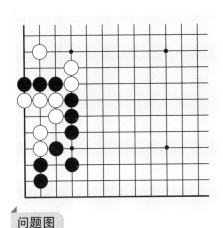

问题图

黑先。黑棋在本题中首先抢占急所是最应优先考虑的下法，其后黑棋可以紧气。那么请问黑棋应如何下才是正确的?

问题 66 ▶▶

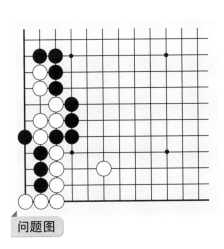

问题图

黑先。有的人认为行棋次序上的细微差别没有太大关系，这是错误的，本题即是证明。如果黑棋轻率打吃，将会招致大祸。那么请问黑棋应如何下?

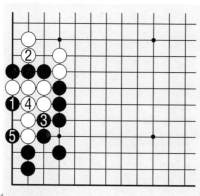

图 1 正解

问题 65 解说

图 1　正解

黑 1 点抢占急所，白 2 紧气，黑 3、5 可以连打，黑胜。

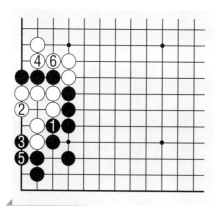

图 2　失败 1

图 2　失败 1

黑 1 从外面紧气是下策，白 2 做眼后，黑棋已无法吃住白棋。以下进行至白 6，黑棋失败。

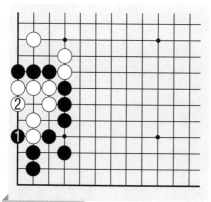

图 3　失败 2

图 3　失败 2

黑 1 扳，白 2 做眼后，白棋在对杀中取胜。

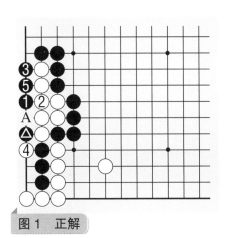

图1 正解

问题66 解说

图1 正解

黑1先点正确，白2连接时，黑3紧气又是正确的方向，白4扑，黑5可以安然连接，以后白A提子时，黑在▲位可以反提。

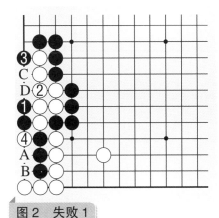

图2 失败1

图2 失败1

黑1打吃看似可行，但由此事态将会突变。白2连接，黑3扳，白4扑严厉。以后黑A提子，白B可以吃黑接不归；或者黑C爬时，白D可以提子，黑棋无策。

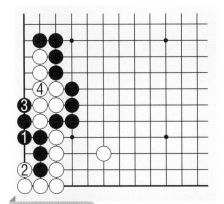

图3 失败2

图3 失败2

黑1连接，白2紧气，黑3打时，白4可连接，黑无后续手段。

问题 67 ▶▶

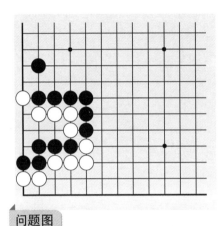

问题图

黑先。本题是实战中出现频率非常高的棋形，因此大家应该熟记。此图黑白双方对杀时，黑棋的常用手筋是什么？

问题 68 ▶▶

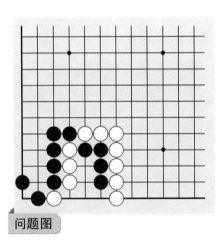

问题图

黑先。本问题与前一问题相似，黑棋如能掌握前一问题的要领，将不难解答本题。那么请问黑棋应如何下？

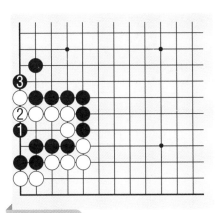

图 1 正解

问题 67 解说

图 1 正解

黑 1 尖是好棋，也是常用手筋。白 2 连接时，黑 3 虎住，结果黑棋可以有眼杀无眼。

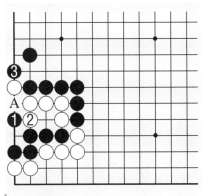

图 2 变化

图 2 变化

黑 1 尖时，白 2 如果紧气，黑 3 可以打吃，白棋不能在 A 位连接，同样黑胜。

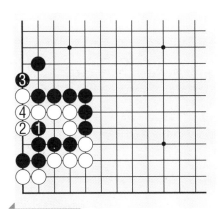

图 3 失败

图 3 失败

黑 1 如果紧气，白 2 扳，至白 4，双方下成双活。

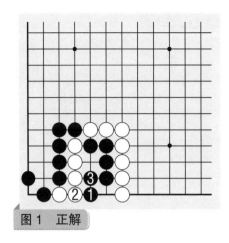

图 1　正解

问题 68 解说

图 1　正解

黑 1 尖是唯一正确的下法，白 2 如果连接，黑 3 可以吃住白五子。

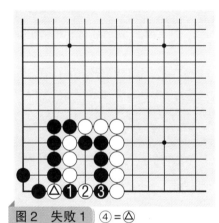

图 2　失败 1　④=△

图 2　失败 1

黑 1 提是俗手，以下进行至白 4，双方下成打劫。

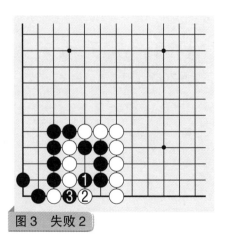

图 3　失败 2

图 3　失败 2

黑 1 弯也是俗手，白 2 扳后，双方不可避免地下成打劫。

问题 69 ▶▶

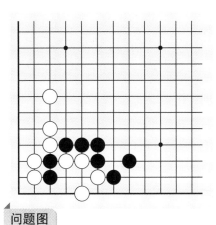

黑先。黑棋二子是否真的已陷入绝境而无法生还？请问黑棋一击制胜的手筋是什么？

问题图

问题 70 ▶▶

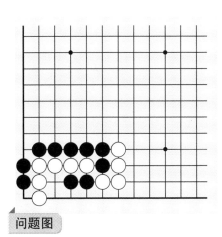

黑先。本题的要领与前面的问题相同，那么请问黑棋应如何下才能在对杀中取胜？

问题图

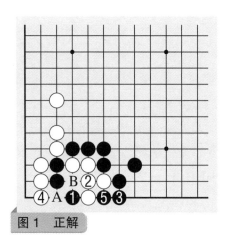

图1 正解

问题 69 解说

图1 正解

黑1尖顶，不仅可以防白棋打吃，而且瞄着在2位倒扑，白2防倒扑，黑3、5紧气后，黑胜。正是由于黑1的作用，白A或白B才都不入气。

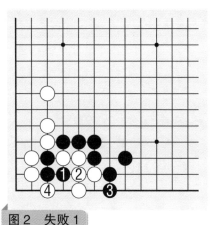

图2 失败1

图2 失败1

黑1打吃是俗手，至白4，黑三子已无法生还。

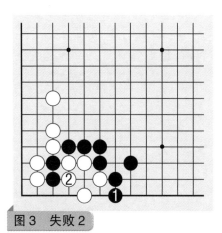

图3 失败2

图3 失败2

黑1下立则缺乏计算，白2打吃即可吃黑。

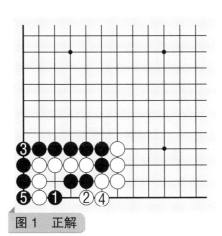

图1 正解

问题70 解说

图1 正解

黑1尖顶仍是常用的手筋，白2、4进行抵抗，黑3、5应对后，白棋只好投降。

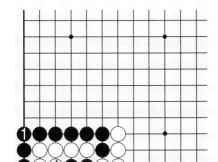

图2 失败1

图2 失败1

黑1连接，想从角上紧白棋的气，白2、4进行抵抗，结果双方下成打劫。

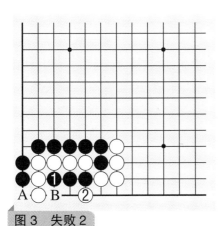

图3 失败2

图3 失败2

黑1紧气，白2可以扳，其后黑棋A位和B位都不入气，黑三子被吃。

问题 71 ▶▶

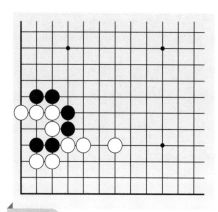

问题图

黑先。本题是关于对杀中基本手筋的问题，目的在于考察大家的常用技巧。只要略经思考，就应该发现答案。那么请问黑棋应如何下？

问题 72 ▶▶

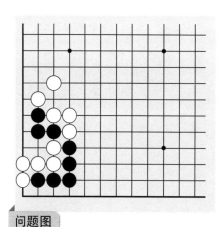

问题图

黑先。本题与前面的问题相比只是棋形上略有更改，出此题的目的是让大家复习一下。那么请问黑棋的正确下法是什么？

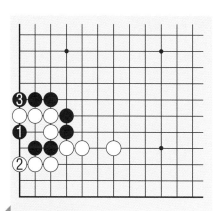

图1 正解

问题 71 解说

图1 正解

黑1尖顶是手筋，这手棋可以确保黑棋取得胜利。白2时，黑3挡即可。

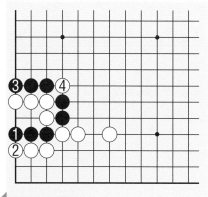

图2 失败1

图2 失败1

黑1下立是不充分的下法，至黑3虽局部暂时下成双活，但白4断后，外侧黑棋被分成两块岌岌可危，无法忍受。

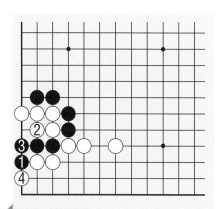

图3 失败2

图3 失败2

黑1扳，白2、4后，黑棋失败。

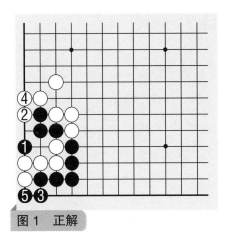

图 1　正解

问题 72 解说

图 1　正解

　　黑 1 尖顶是正确的下法，白 2 扳进行抵抗，黑 3、5 后，黑棋快一气。

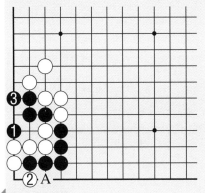

图 2　变化

图 2　变化

　　黑 1 时，白 2 扳是一手欺着，黑棋可下黑 3 做成一眼，结果黑棋有眼杀无眼。但白 2 时，黑若下 A 位，白棋则可下 3 位打缓气劫。

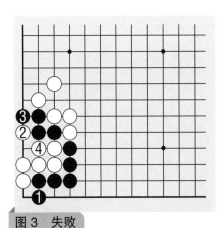

图 3　失败

图 3　失败

　　黑 1 下立，白 2、4 是好次序，双方将下成打劫。

问题 73 ▶▶

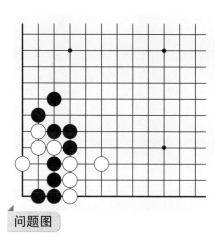

问题图

黑先。黑棋应首先抢占角上急所，其后的进行将会比较简单。那么请问黑棋应如何下？

问题 74 ▶▶

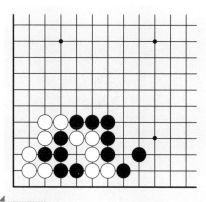

问题图

黑先。黑白双方都只有三口气，先下的黑棋一方理应取胜。但如果黑棋简单地紧气，将会遭到意外的伏击。那么请问黑棋的正确下法是什么？

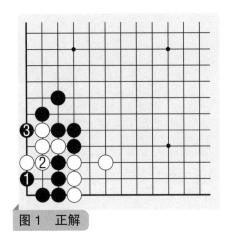

图 1 正解

问题 73 解说

图 1 正解

黑 1 尖顶是双方必争的急所，白 2 不得已破眼时，黑 3 扳，结果黑棋可以有眼杀无眼。

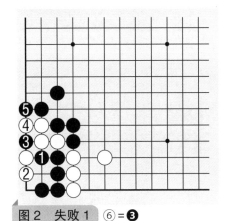

图 2 失败 1 ⑥＝❸

图 2 失败 1

黑 1 紧气，白 2 爬，以下进行至白 6，黑棋仅仅下成先手双活。其中黑 3 如果下在 4 位，白棋下在 3 位，黑棋再于 5 位连接，将成后手双活。

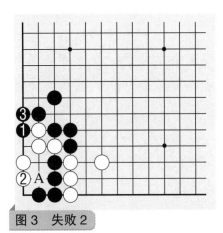

图 3 失败 2

图 3 失败 2

黑 1 扳，白 2 爬，双方又下成双活。其中白棋可根据局面的需要而将白 2 下在 A 位做劫，这是白棋的选择权利。

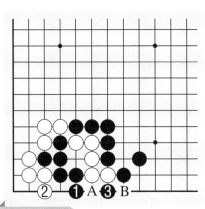

图1 正解

问题 74 解说

图 1　正解

黑1立是正解，白2应时，黑3紧气，黑棋可以取胜。其中白2如下在A位，黑棋下在B位即可。

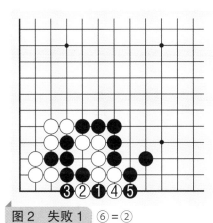

图2　失败1　⑥＝②

图 2　失败 1

黑1扳开始紧气，白2则可以扑，以下进行至白6，双方必然下成打劫。

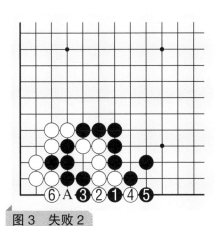

图3　失败2

图 3　失败 2

黑1从外侧扳紧气同样错误，以下进行至白6，双方依然下成打劫。

问题 75 ▶▶

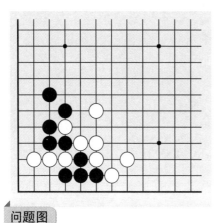

问题图

黑先。本题仍然是考察大家应如何紧气。同样是紧气，方法不同，结果也不同。那么请问黑棋的正确下法是什么？

问题 76 ▶▶

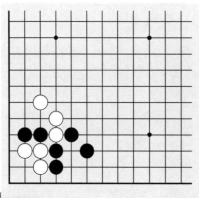

问题图

黑先。黑棋如何寻找急所是当务之急。在这样双方对杀的棋形中，通常要点只有一处。请问黑棋的手筋是什么？

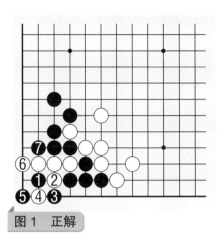

图 1 正解

问题 75 解说

图 1 正解

黑 1 是取胜的唯一方法，以下至黑 7 是黑棋取胜的全过程。

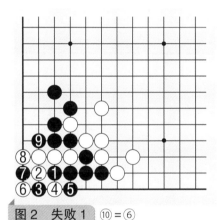

图 2 失败 1 ⑩ = ⑥

图 2 失败 1

黑 1 长不充分，白 2 拐时，黑 3 扳，黑棋看起来可以取胜，但白 4 以下至白 10，白棋可以用打劫来进行抵抗。

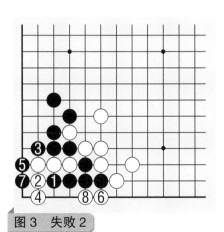

图 3 失败 2

图 3 失败 2

黑 1、白 2 时，黑 3 挡，结果更差，白 4 下立是好棋，以下进行至白 8，黑死。

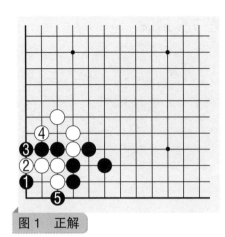

图1 正解

问题 76 解说

图1 正解

黑1点是置白于死地的急所。白2如果切断，黑3、5应对后，黑棋即可取胜。

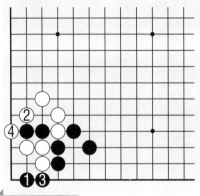

图2 失败1

图2 失败1

黑1点方向错误，白2、4后，黑二子反而被吃。

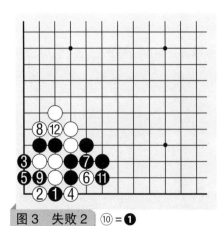

图3 失败2 ⑩＝❶

图3 失败2

黑1扳错失急所，黑5时，白6长气是好棋，以下进行至白12，结果白胜。

问题 77 ▶▶

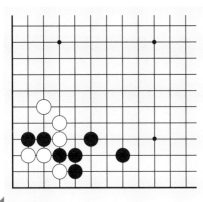

问题图

黑先。被白棋包围的黑棋二子仍具有生命力，那么请问黑棋如何下才是正确的？本题是实战中经常出现的棋形。

问题 78 ▶▶

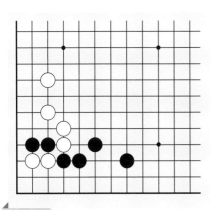

问题图

黑先。如能正确解答前面的问题，同样也能解决本题。本题的棋形与前面问题虽然不同，但原理相同。请问黑棋应如何下？

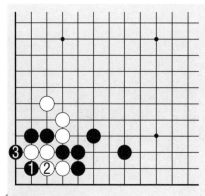

图1 正解

问题 77 解说

图1 正解

黑1夹是取胜的手筋，白2连接时，黑3可以渡过。

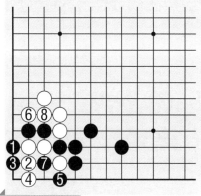

图2 失败1

图2 失败1

黑1扳错误，此时白2弯是好棋，以下进行至白8，白棋快一口气。

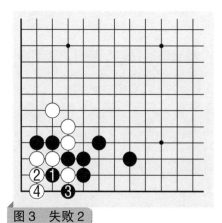

图3 失败2

图3 失败2

黑1、3打拔白一子是低手的下法，至白4，左边非常重要的黑二子被白棋吃住。

问题 78 解说

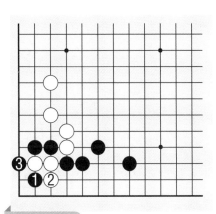

图1 正解

图 1　正解

黑1夹即可解决所有问题。其后白2时，黑3可以渡过。

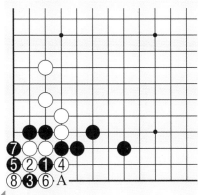

图2 失败1

图 2　失败 1

黑1、3连扳虽然强有力，但以下进行至白8，黑棋不得已下成打劫。其中黑5若在 A 位做劫，也大同小异。

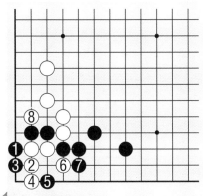

图3 失败2

图 3　失败 2

黑1扳是俗手，以下进行至白8，白在对杀中快一气。

问题 79 ▶▶

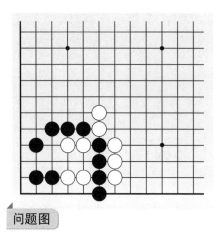

黑先。本题是考察大家对行棋次序的认识。一手棋若次序错误，将会带来截然不同的结果。那么请问黑棋应如何下？

问题图

问题 80 ▶▶

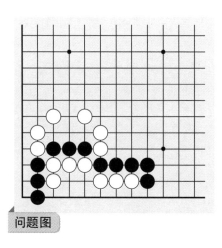

黑先。中间的黑三子仅有三口气，而下边白棋的气似乎很多。针对目前的形势，请问黑棋攻击白棋的手筋是什么？白棋的弱点又是什么？

问题图

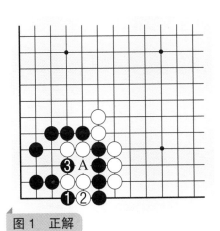

图1 正解

问题 79 解说

图1 正解

黑1先扳是巧妙的次序，白2如果切断，黑3则可以挖，白棋无法在A位连接。

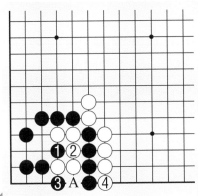

图2 失败1

图2 失败1

黑1先挖次序错误，白2应，黑3再扳时，白棋不在A位挡，而直接于4位打吃，结果黑棋失败。

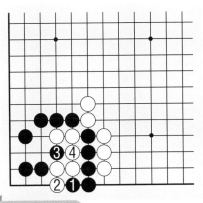

图3 失败2

图3 失败2

黑1时，白2挡，至白4，黑棋明显失败。

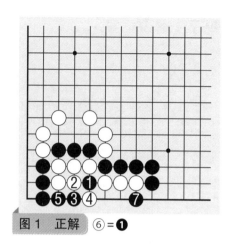

图 1　正解　⑥=❶

问题 80 解说

图 1　正解

黑 1 断是攻击白棋弱点的手筋，白 2 时，黑 3、5 包打，其后黑 7 扳，结果黑棋可以取胜。

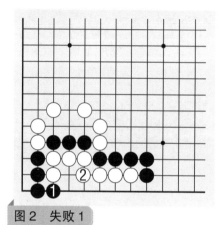

图 2　失败 1

图 2　失败 1

黑 1 紧气是错误的下法，白 2 连接稳健，黑棋失败。

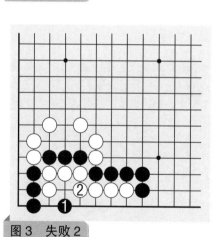

图 3　失败 2

图 3　失败 2

黑 1 点，白 2 连接后，黑棋同样失败。

问题 81 ▶▶

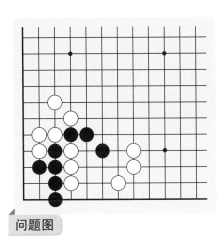

问题图

黑先。角上黑棋本身已不可能做活，要想活棋，只有攻击右侧的白棋三子。那么请问其手段是什么？

问题 82 ▶▶

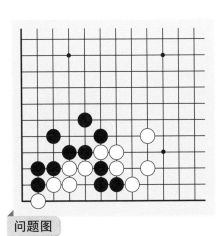

问题图

黑先。黑棋如果认为本题比较简单，行棋时过于随手，将可能遭到白棋的顽强抵抗。那么请问黑棋应如何下？黑棋在考虑问题时，应充分认识到角的特殊性。

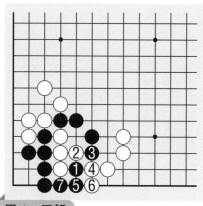

图1　正解

问题81解说

图1　正解

黑1夹是攻击白棋的正确下法，白2、黑3、白4进行后，黑5下立是胜利的宣言。至黑7，白棋被吃住。

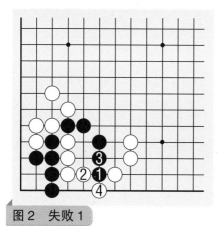

图2　失败1

图2　失败1

黑1靠错误，白2、4应对后，黑棋失败。

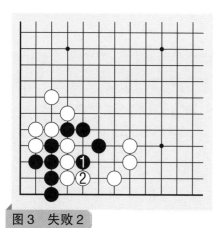

图3　失败2

图3　失败2

黑1时，白2拐，白棋可以成功联络。

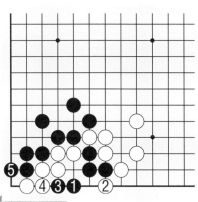

图1 正解

问题 82 解说

图 1 正解

黑 1 尖是好棋，白 2 时，黑 3 与白 4 交换后，黑 5 下立，黑棋可确保取胜。

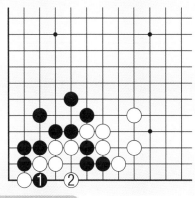

图2 失败1

图 2 失败 1

黑 1 扑，被白 2 尖后，黑棋失败。

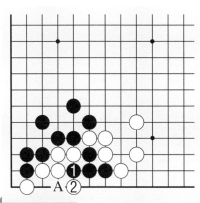

图3 失败2

图 3 失败 2

黑 1 直接紧气，白 2 扳后，黑棋失败。其中黑 1 如果下在 A 位，白棋同样下在 2 位，黑棋也失败。

问题 83 ▶▶

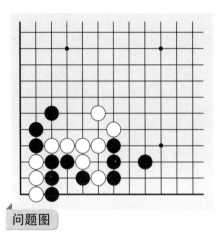

问题图

黑先。黑棋下侧五子要能活出，也就意味着吃住了角上白棋三子。那么请问黑棋应如何下？

问题 84 ▶▶

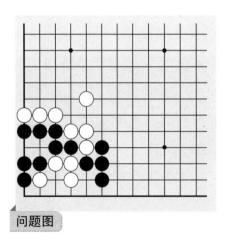

问题图

黑先。黑棋如果思考不充分，将有可能下成打劫。那么请问黑棋避免打劫，确保对杀胜利的要点在哪里？

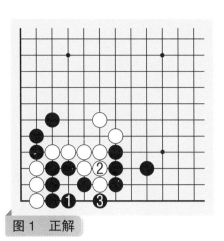

图1 正解

问题 83 解说

图1　正解

　　黑1做眼，是与右侧黑棋联络的手筋。白2连接时，黑3可以渡过。其中白2如果下在3位，黑棋在2位断即可。

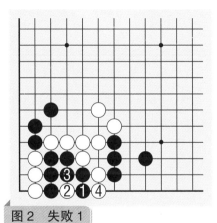

图2　失败1

图2　失败1

　　黑1下立，白2、4连打，形势发生了逆转。

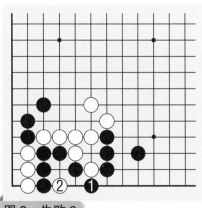

图3　失败2

图3　失败2

　　黑1直接渡过为时尚早，白2打吃后，黑棋所有的希望都化为泡影。

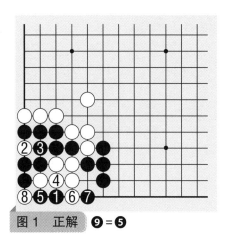

图 1　正解　❾ = ❺

问题 84 解说

图 1　正解

黑 1 点，白 2 打，黑 3 提，白 4 连接时，黑 5 可以拉回一子，白 6 打吃黑二子时，黑 7 紧气非常重要，白 8 提子，黑 9 反提一子，结果黑棋有眼杀无眼。

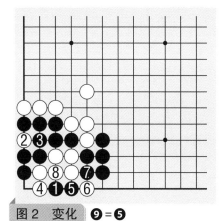

图 2　变化　❾ = ❺

图 2　变化

黑 1、白 2、黑 3 进行后，白 4 如果挡下，黑 5、7 又是很好的次序，白 8 只有提子，黑 9 扑，黑棋仍是有眼杀无眼。

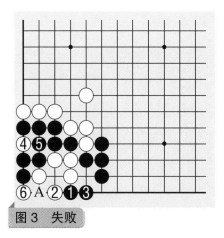

图 3　失败

图 3　失败

黑 1 想法虽然奇特，但以下进行至白 6，双方下成打劫。其中黑 1 如果下在 A 位，白 2 也可以做劫。

问题 85 ▶▶

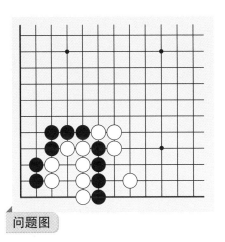

问题图

黑先。下边的白棋已具备眼形，而右侧的黑四子仅有三气，那么请问黑棋如何下才能取得对杀的胜利？

问题 86 ▶▶

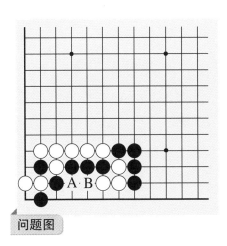

问题图

黑先。白棋只要再在 A 位或 B 位下一手棋，下边的黑棋将彻底失去生存的希望。那么请问黑棋如何下才能防备白棋的这些手段？

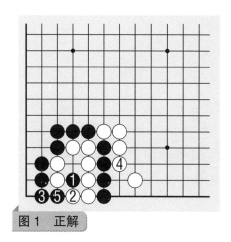

图 1　正解

问题 85 解说

图 1　正解

黑 1 挖是攻击的急所，以下进行至黑 5。黑棋胜利。

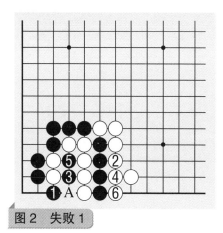

图 2　失败 1

图 2　失败 1

黑 1 扳，其意是让白在 A 位应，但这只是黑棋单方的想法。白棋可以置左侧的二子于不顾，白 2、4、6 紧右侧黑四子气，黑棋失算。

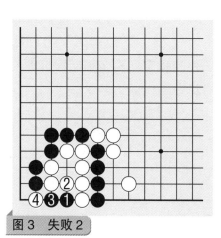

图 3　失败 2

图 3　失败 2

黑 1 点是错误下法，白 2 时，黑 3 试图破眼，白 4 提子后，黑气不够，已注定失败。

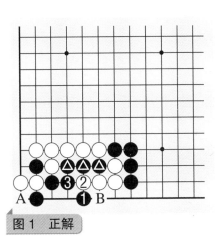

图1 正解

问题86解说

图1 正解

黑1跳是救援黑❸三子和取胜的手筋，白2时，黑3接，白棋A位和B位都不入气，黑棋成功。其中黑1时，白棋如果下在3位，黑棋则可以弃去左侧二子，而于2位连接。

图2 失败1

黑1连接，白2抢占急所，以下至白8，黑棋反而被吃。

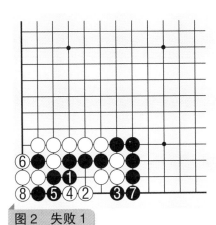

图2 失败1

图3 失败2

黑1挡是最差的下法，白2、4连打，黑棋失败。

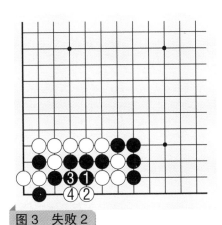

图3 失败2

问题 87 ▶▶

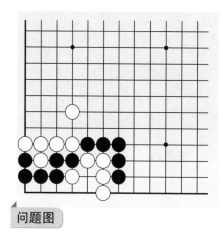

问题图

黑先。本题的问题比较简单，但黑棋如果操之过急，反而会适得其反。那么请问黑棋应如何下？

问题 88 ▶▶

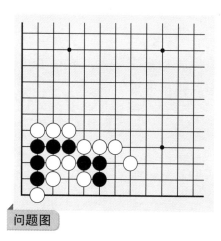

问题图

黑先。左右两块黑棋都只有三口气，黑棋的出路只有吃住中间的白棋。那么请问黑棋应如何下？黑棋不能下成打劫，而应无条件吃住白棋。

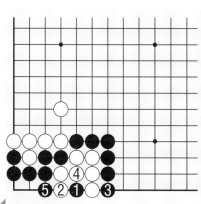

图 1 　正解

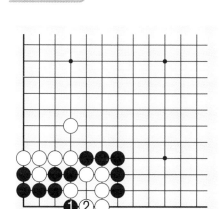

图 2 　失败 1

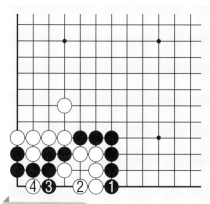

图 3 　失败 2

问题 87 解说

图 1　正解

　　黑 1 点是急所，白 2 时，黑 3、5 后，黑棋可以取胜。

图 2　失败 1

　　黑 1 如果急于打吃，白 2 应，双方下成打劫。

图 3　失败 2

　　黑 1 从外侧开始紧气，白 2 抢占急所，黑 3 应，白 4 扑入，结果双方下成双活。

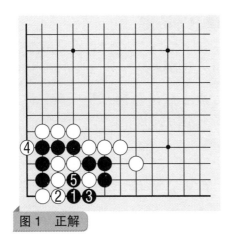

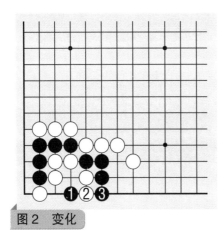

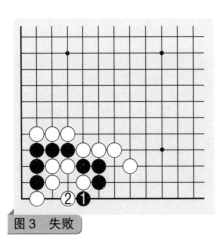

问题 88 解说

图 1 正解

黑 1 点是避免打劫并确保胜利的急所，以下进行至黑 5，黑棋在对杀中快一气。

图 1 正解

图 2 变化

黑 1 时，白 2 如果挡下，黑 3 可以吃白棋接不归。

图 2 变化

图 3 失败

黑 1 如果先打吃，白 2 可以直接做劫，黑棋难受。

图 3 失败

问题 89 ▶▶

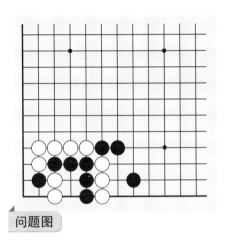

问题图

黑先。黑棋在本题中如果思考不周，将可能失败。那么请问黑棋应如何下？

问题 90 ▶▶

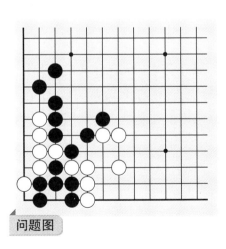

问题图

黑先。左边白棋的气确实很长，但黑棋已有一眼，请问黑棋如何利用角的特殊性不让白棋也做出一眼，并且取得胜利？

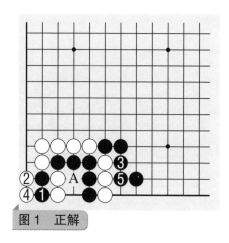

图1 正解

问题 89 解说

图1 正解

黑1贴多送一子是正确的下法。黑1的作用是让白棋不能立即在A位紧气。以下进行至黑5，黑棋成功。

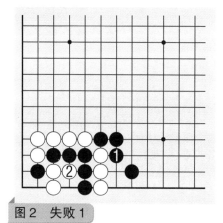

图2 失败1

图2 失败1

黑棋事先不做任何准备，而于黑1直接紧气，被白2打吃后，黑棋失败。

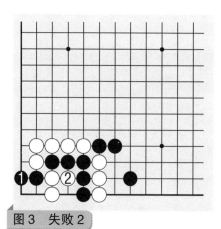

图3 失败2

图3 失败2

黑1下立不能发挥任何作用，是不负责任的下法。白2打吃后，黑棋失败。

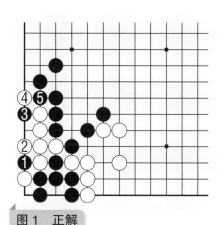

图 1　正解

问题 90 解说

图 1　正解

黑1扑是下成有眼杀无眼的第一步，白2时，黑3又是破眼的急所，至黑5，黑棋有一眼，而白棋无眼，白棋不行。

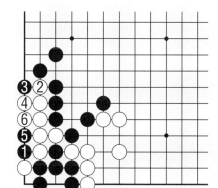

图 2　变化　 7 = 1

图 2　变化

黑1时，白2试图拓展空间，黑3扳后，黑5爬，不让白棋做眼，其后白6提子时，黑7扑，黑棋仍是有眼杀无眼。

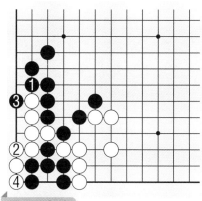

图 3　失败

图 3　失败

黑1紧气，但白2抢占双方的急所后，黑棋无法取胜。

问题 91 ▶▶

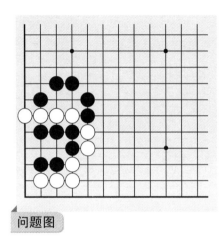

黑先。被白棋包围的黑棋应首先整好自己的棋形，然后再去紧白棋的气。那么请问黑棋应如何下？

问题图

问题 92 ▶▶

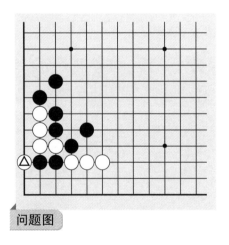

黑先。白△扳是一种假象，面对白棋的错误，黑棋如果考虑过了头，反而有可能坏事，此时平常的下法就是上策。那么请问黑棋应如何下？

问题图

问题 91 解说

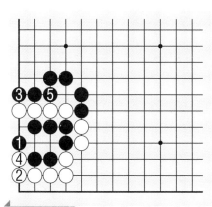

图 1 正解

图 1 正解

黑 1 是急所，其后不论白棋如何努力都不可怕。白 2 以下至黑 5，黑棋取胜。

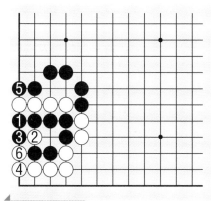

图 2 失败 1

图 2 失败 1

黑 1 挡错误，在紧白气的同时也紧了自己的气，以下进行至白 6，形势发生了逆转。

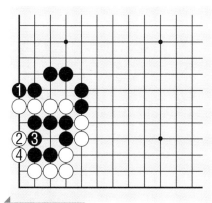

图 3 失败 2

图 3 失败 2

黑 1 挡同样错误，白 2 抢占急所后，黑棋失败。

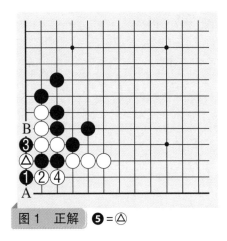

图 1　正解 ❺ = △

问题 92 解说

图 1　正解

黑1直接打吃，白2断打时，黑3就提，至黑5，白棋A位和B位都不入气，结果黑胜。

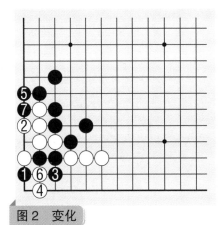

图 2　变化

图 2　变化

黑1时，白2试图做劫进行抵抗不成立。此时黑3是好棋，以下进行至黑7，黑棋取胜。其中黑3如果下在6位，白棋下在4位后，黑棋将无法无条件吃住白棋。

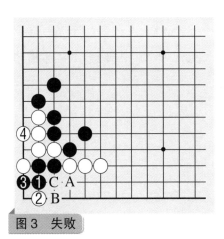

图 3　失败

图 3　失败

黑1后退，白2、4应对后，双方必然形成打劫。其后黑A时，白B可以应。黑1如果下在C位，白棋下在1位后，黑死。

问题 93 ▶▶

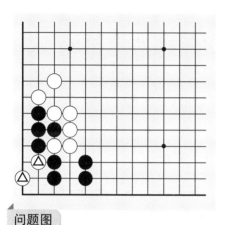

问题图

黑先。白⚠二子非常具有弹性，因此黑棋不能小看。那么请问黑棋应如何下？如果下成打劫，对黑棋来说就是失败。

问题 94 ▶▶

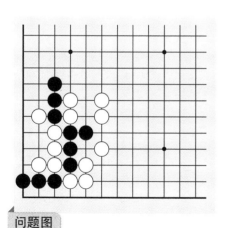

问题图

黑先。中间黑棋只剩下三口气，因此黑棋如果要取胜，必须将左边的白棋限制在三气以内。那么请问黑棋常用的紧气手筋是什么？

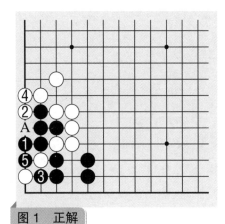

图 1　正解

问题 93 解说

图 1　正解

黑 1 下立是稳健的下法，白 2 时，黑 3、5 应，即可解决问题。由于白有 A 位倒扑的手段，因此黑 5 不可省。

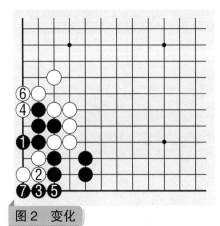

图 2　变化

图 2　变化

黑 1 时，白 2 连接试图做眼，黑 3 扳，以下至黑 7，黑棋同样可以取胜。

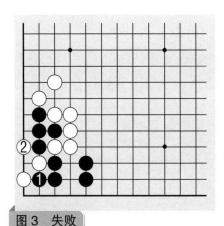

图 3　失败

图 3　失败

黑 1 打吃，白 2 后，双方将无法避免打劫。

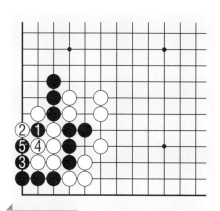

图 1　正解

问题 94 解说

图 1　正解

黑 1 断是减少白气的手筋，白 2 时，黑 3、5 则可以包打，结果黑胜。

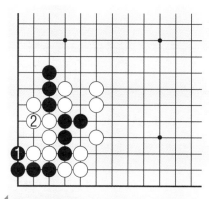

图 2　失败 1

图 2　失败 1

黑 1 先爬，白 2 连接后，黑棋缺少后续手段。

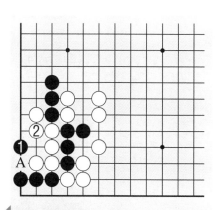

图 3　失败 2

图 3　失败 2

黑 1 点，希望白 A 挡，然后黑棋在 2 位断，但这只是黑棋的想法。白 2 连接后，黑棋气不够。

问题 95 ▶▶

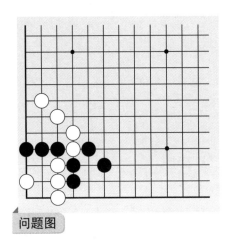

问题图

黑先。本题对初学者来说有些难度，需要更进一步的思考。那么请问黑棋一击制胜的急所在哪里？

问题 96 ▶▶

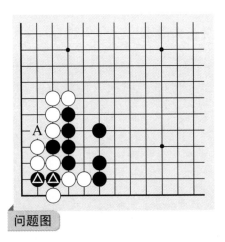

问题图

黑先。黑棋目前首要的问题是使黑▲二子长气，其后可以利用白棋的A位弱点。那么请问黑棋应如何下？

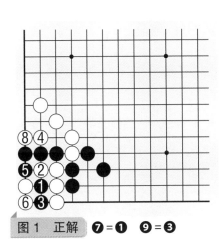

图 1 正解 ❼=❶ ❾=❸

问题 95 解说

图 1 正解

黑1挖极其严厉，白2打吃，黑3下立多送一子又是要领，以下进行至黑9，黑棋取胜。

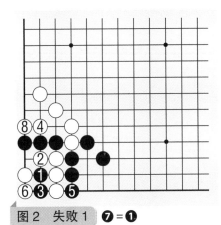

图 2 失败1 ❼=❶

图 2 失败 1

正解中的黑5如果下成本图中的黑5挡是错误的下法，以下进行至白8，白棋反而可以有眼杀无眼。

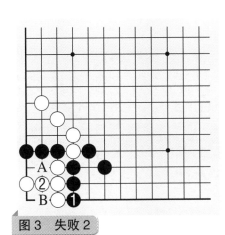

图 3 失败2

图 3 失败 2

黑1挡，白2连接后，白棋可以有眼杀无眼。白2如果下在A位是错着，黑棋下在B位后，形势将发生逆转。

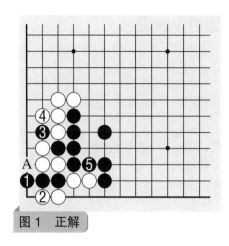

图 1 　正解

问题 96 解说

图 1 　正解

黑 1 首先下立，白 2 时，黑 3 断又非常重要，黑 3 这手棋可以阻止白下 A 位，至黑 5，黑棋取胜。

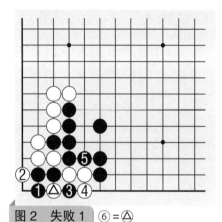

图 2 　失败 1 　⑥ = △

图 2 　失败 1

黑 1 打吃，以下进行至白 6，双方下成打劫。

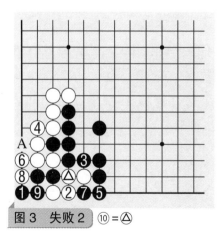

图 3 　失败 2 　⑩ = △

图 3 　失败 2

黑 1 尖看似有理，但以下进行至黑 9，白 10 断打是准备好的手段。白棋如果劫材丰富，白 2 可直接下在 8 位扑，黑棋下 6 位，白棋下 A 位，黑棋下 4 位，白棋下 8 位，双方形成打劫。

问题 97 ▶▶

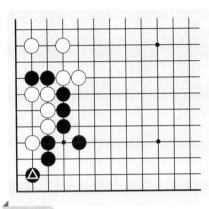

黑先。黑棋在本题中如果毫无计划地乱攻一气，其结果只有失败，而角上的黑▲一子并非无用。那么请问黑棋紧气的常用手段是什么？

问题 98 ▶▶

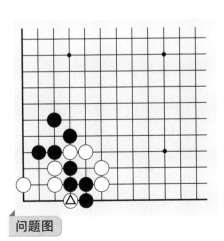

黑先。黑棋如果仅仅局限于提掉白▲一子，则结果肯定是失败。因此黑棋在考虑问题时，视野应更宽一些。那么请问黑棋应如何下？

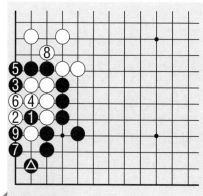

图 1　正解

问题 97 解说

图 1　正解

黑 1 断是正确的下法，白 2 时，黑 3、5 紧气，之后黑 7 利用黑▲一子是决定性一击，结果黑棋取胜。

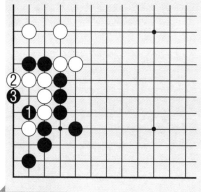

图 2　变化

图 2　变化

黑 1 时，白 2 如果立下，黑 3 尖是妙着，白棋的反抗以失败告终。

图 3　失败

图 3　失败

黑 1 点，白 2 是稳健的应法，黑棋失败。

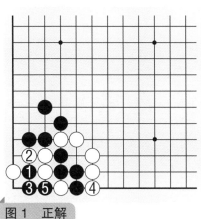

问题 98 解说

图 1　正解

黑 1 挖严厉，白 2 如果打吃，黑 3 下立是连贯的好棋，白棋只好束手就擒。

图 1　正解

图 2　失败 1

黑 1 点，被白 2 接后，以下至白 6，黑棋失败。

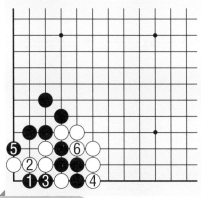

图 2　失败 1

图 3　失败 2

黑 1 提子，白 2 连接后，黑棋已无力回天。

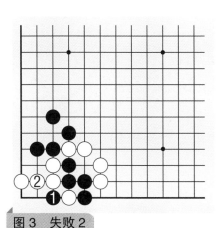

图 3　失败 2

问题 99 ▶▶

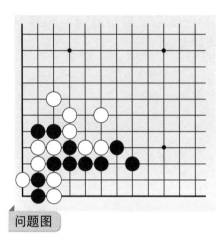

问题图

黑先。左边黑二子仅有三气，下侧的黑二子处于被打吃的境地。那么请问黑棋如何下才能摆脱困境？

问题 100 ▶▶

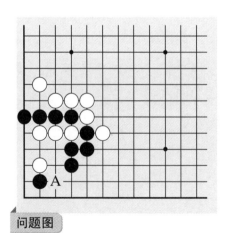

问题图

黑先。本题有一点难度，需要一定的思考能力。黑棋如果惧怕白 A 扳的手段，将不可能取得成功。那么请问黑棋应如何下？

问题 99 解说

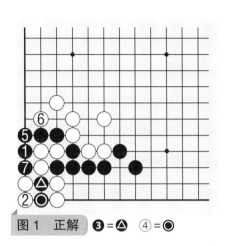

图 1　正解

黑 1 扳打是正确的下法，白 2 提子当然，此时黑 3 扑又是好棋，白 4 提，黑 5、7 进行后，黑棋取胜。

图 1　正解　❸ = △　④ = ◉

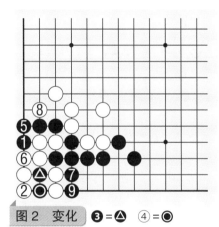

图 2　变化

黑 1 以下进行至黑 5 时，白 6 虽可做成一眼，但黑 7、9 紧气后，黑棋依然取胜。

图 2　变化　❸ = △　④ = ◉

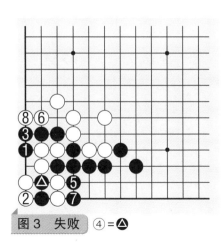

图 3　失败

黑 1、白 2 时，黑 3 连接是恶手，而白 4 则是好棋，结果白棋有眼杀无眼。

图 3　失败　④ = △

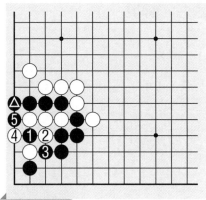

图1 正解

问题 100 解说

图1 正解

黑1挖是唯一的正解，是最大限度地利用黑△的下法。白2时，黑3、5可以打吃，结果黑棋可以摆脱困境。

图2 失败1

图2 失败1

黑1紧气错误，白2连接是对杀的手筋，黑3时，白4、6又是连贯的好手，进行至白8，白棋可以吃住黑棋。

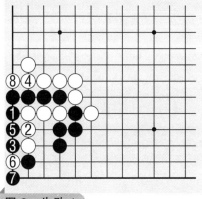

图3 失败2

图3 失败2

黑1直接紧气，白2连接后，白棋可以吃住黑棋。

问题 101 ▶▶

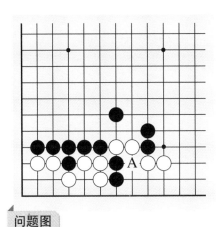

问题图

黑先。左下角的白棋形存在缺陷，黑棋在左下角动手时，应与A位的断结合起来进行考虑。那么请问黑棋应如何下？

问题 102 ▶▶

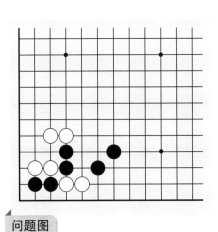

问题图

黑先。角上黑二子的气很紧，而下边白棋二子的气却比较松，那么请问黑棋应如何利用白棋的弱点？

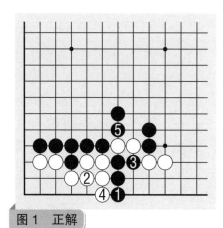

图 1 正解

问题 101 解说

图1 正解

黑1下立是一举两得的好棋，白2补一侧的弱点时，黑3断可以成立。至黑5，黑棋取胜。

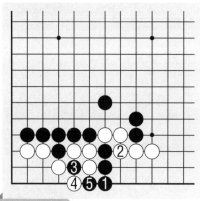

图2 变化

图2 变化

黑1时，白2如果连接，黑3、5扑吃接不归则是准备好的手段。

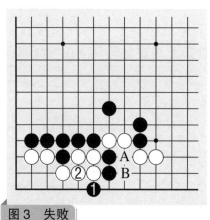

图3 失败

图3 失败

黑1打吃是帮对方走棋，此后黑A断时，白B应即可。

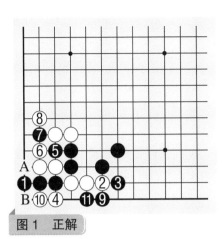

图 1　正解

问题 102 解说

图 1　正解

黑 1 下立是沉着冷静的下法，白 2、4 抵抗，黑 5、7 冲断是解决问题的核心，以下进行至黑 11，白棋 A 位和 B 位都不入气，结果黑棋取胜。

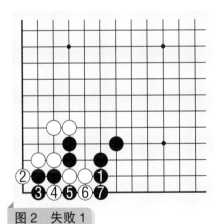

图 2　失败 1

图 2　失败 1

黑棋事先不做任何准备，而黑 1 挡，白 2 则可以扳，其后白 4、6 又是好次序，双方不可避免地下成打劫。

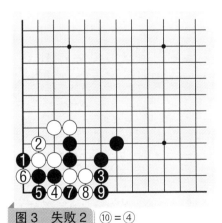

图 3　失败 2　⑩ = ④

图 3　失败 2

黑 1 扳，对解决问题没有任何帮助，以下进行至白 10，双方又下成打劫。

问题 103 ▶▶

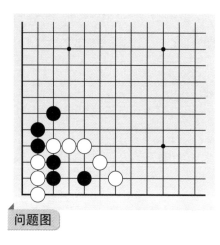

问题图

黑先。黑棋在攻击白棋之前，应首先构筑自己的防御体系。那么请问黑棋的急所在哪里？

问题 104 ▶▶

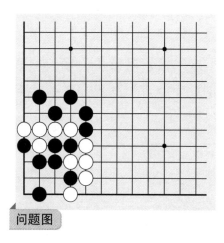

问题图

黑先。黑棋如果一味去救已被打吃的黑子，将有可能因小失大。黑棋在本题中应付出一点牺牲，方能对大局有利。那么请问黑棋应如何下？

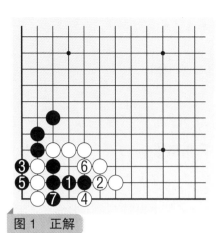

图1 正解

问题 103 解说

图1　正解

黑1连接是不易考虑到的急所，如果被白棋抢占这一位置，黑棋的气不够。白2应，以下进行至黑7，黑棋取胜。

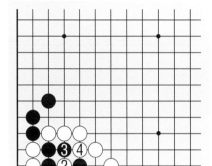

图2　失败1

图2　失败1

黑1贴住，被白2挖，以下进行至白6，黑棋失败。

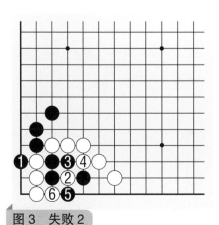

图3　失败2

图3　失败2

黑1扳紧气，白2以下至白6，黑棋同样失败。

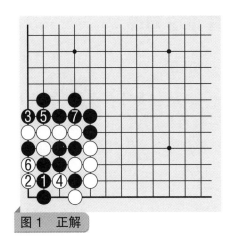

图1　正解

问题 104 解说

图1　正解

黑1连接是长气的手筋，白2以下的抵抗都是徒劳的，进行至黑7，黑棋取胜。

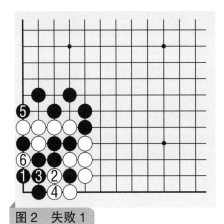

图2　失败1

图2　失败1

黑1先确保一眼，但以下进行至白6，双方下成打劫。

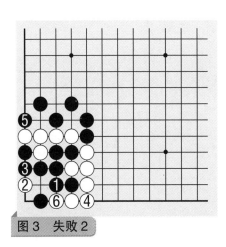

图3　失败2

图3　失败2

黑1连接更坏，白2点以下进行至白6，黑棋被吃。

问题 105 ▶▶

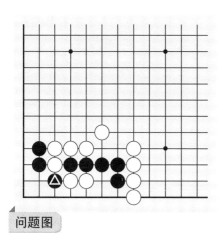

问题图

黑先。黑▲一子如果被吃掉，黑棋将万事俱休，因此黑棋如何救回黑▲一子是无法回避的问题。但如果单纯去救黑▲子，黑棋右侧的五子就有可能受到影响。那么请问黑棋应如何下？

问题 106 ▶▶

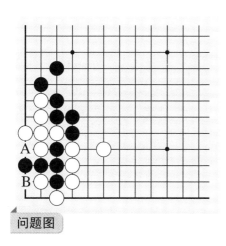

问题图

黑先。白棋如有机会下在 A 位或 B 位，黑棋五子必死。那么请问黑棋阻止白棋紧气的方法是什么？

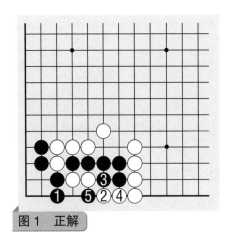

图1　正解

问题 105 解说

图1　正解

黑1下立是具有多种目的的下法，白2反击虽很厉害，但黑3是好棋，至黑5，结果黑胜。

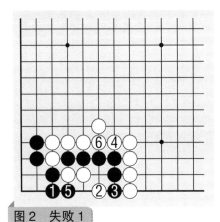

图2　失败1

图2　失败1

黑1下立，白2时，黑3阻断过于贪心，以下进行至白6，黑棋反而短一气。

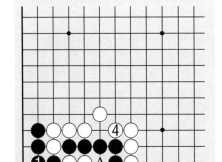

图3　失败2

图3　失败2

黑1连接是不负责任的下法，以下进行至白4，黑棋已失败。其中白2非常重要，这手棋如果下在A位，黑棋下在2位，白棋下在3位，黑B位可以倒扑白棋。

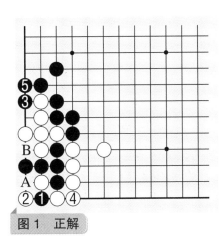

图1 正解

问题 106 解说

图1 正解

黑1先扑是防止白下A位的好棋，其后黑3扳又是消除白B手段的下法，进行至黑5，黑棋胜利。

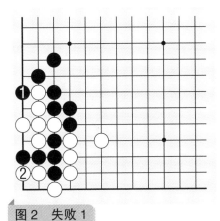

图2 失败1

图2 失败1

黑1扳，被白2打吃后，黑棋失败。

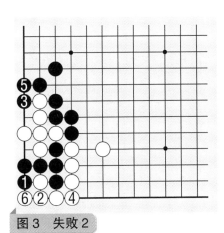

图3 失败2

图3 失败2

黑1打吃是俗手，以下进行至白6，黑棋失败。

问题 107 ▶▶

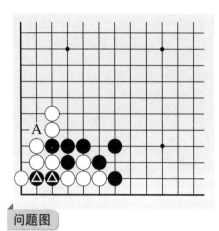

问题图

黑先。由于角的特殊性和白棋 A 位的弱点，黑△二子仍具有生命力。那么请问黑棋如何对这些条件进行利用？

问题 108 ▶▶

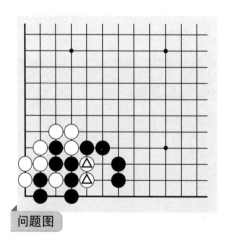

问题图

黑先。黑棋如果急于捕获白△二子，结果将适得其反。黑棋应首先控制白棋的行动。那么请问黑棋应如何下？

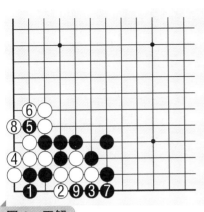

图 1 正解

问题 107 解说

图 1 正解

黑 1 曲是急所，白 2 如果应，黑 3 则可以紧气，白 4 时，黑 5 断又是手筋，以下进行至黑 9，黑棋取胜。

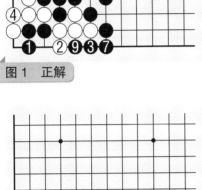

图 2 变化

图 2 变化

黑 1 时，有白 2 的抵抗手段，其后黑 A 时，白 B 应，或者黑 B 时，白 A 扳，双方将下成打劫。

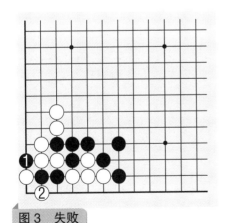

图 3 失败

图 3 失败

黑 1 扑虽看似可以成立，但白 2 应后，双方不可避免地下成打劫。

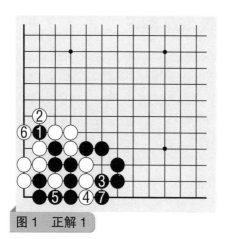

图 1 正解 1

问题 108 解说

图 1　正解 1

黑 1 断非常重要，有了这手棋后，其后的进程将会比较简单。以下进行至黑 7，黑胜。

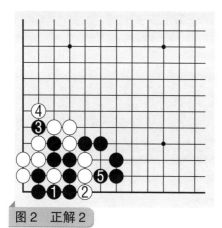

图 2 正解 2

图 2　正解 2

黑 1 先提一子也有可能，白 2 时，黑 3 再断也为时不晚，结果与正解 1 相同。

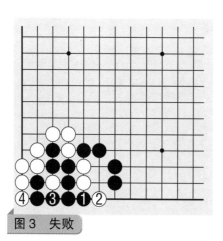

图 3 失败

图 3　失败

黑 1 爬，急于谋求联络，但白 2、4 连打后，黑棋反而失败。

问题 109 ▶▶

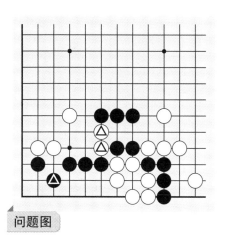

问题图

黑先。黑棋要吃白△二子易如反掌，但这并不是关键所在。目前问题的焦点是如何救出右侧黑棋四子。黑棋在下棋时要充分考虑到远处黑△一子的作用。那么请问黑棋应如何下？

问题 110 ▶▶

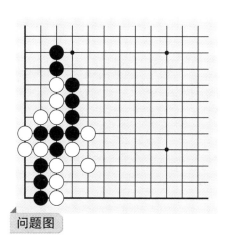

问题图

黑先。白棋在本题中已有弃去几个白子的准备。对于白棋弃掉一条尾巴的下法，黑棋应充分留意。那么请问黑棋如何下才能吃住全部白棋？

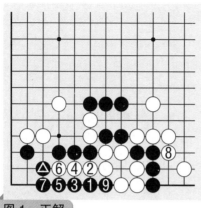

图 1 正解

问题 109 解说

图 1 正解

黑1刺是好棋，白2、4、6进行抵抗时，由于有黑△子的作用，进行至黑9，黑棋可以取胜。

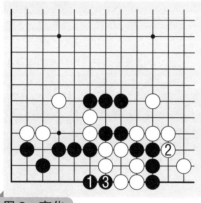

图 2 变化

图 2 变化

黑1时，白2如果直接紧气，黑3打吃即可。

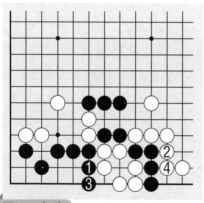

图 3 失败

图 3 失败

黑1挡缺少魄力，没有充分考虑到周围的环境，进行至白4，黑棋失败。

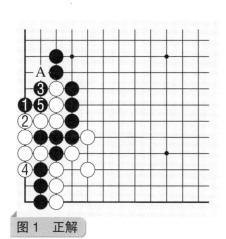

图 1　正解

问题 110 解说

图 1　正解

黑 1 刺是切断白棋命脉的严厉下法，白 2 如果连接，黑 3 则是很好的次序，至黑 5，黑胜。而白棋始终没有在 A 位断的机会。

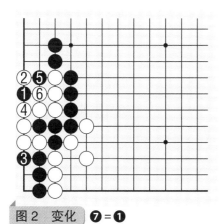

图 2　变化　❼ = ❶

图 2　变化

黑 1 时，白 2 如进行抵抗，黑 3 打吃是正着，白 4 时，黑 5 可以做倒扑，白 6 提子时，黑 7 可以反提。

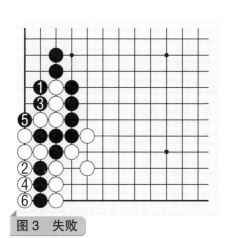

图 3　失败

图 3　失败

黑 1 扳，是未能发现白 2 变化的错误下法，以下进行至白 6，黑棋仅仅吃掉白棋尾巴上几子。

问题 111 ▶▶

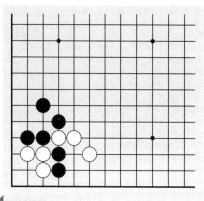

黑先。黑棋下边二子要想活，必须吃住角上白棋三子。那么请问黑棋的手筋是什么？

问题图

问题 112 ▶▶

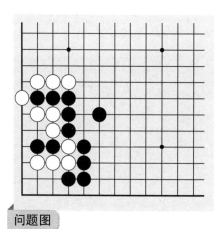

黑先。本题有点复杂，黑棋即使发现了第一手棋，其后的进行也非一帆风顺。那么请问黑棋的手筋是什么？

问题图

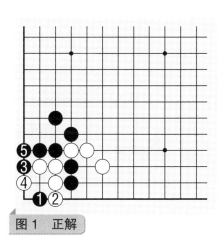

图1 正解

问题 111 解说

图1 正解

黑1点是手筋，白2如果切断，黑3、5扳接，结果黑胜。

图2 失败1

黑1点脱离了正确方向，白2、4应后，黑棋仅仅是在进行收官。

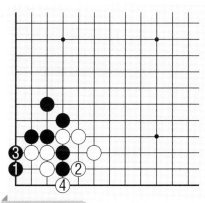

图2 失败1

图3 失败2

黑1扳错误，其后黑3、5虽看似可以紧气，但白6却是长气的好棋，以下进行至白10，黑棋失败。其中白6如果下在8位，黑棋下在A位后，双方将下成打劫。

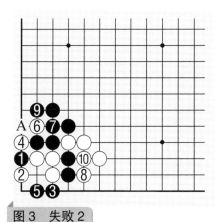

图3 失败2

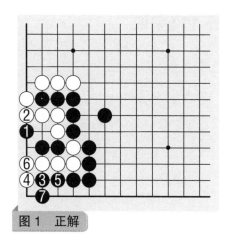

图1　正解

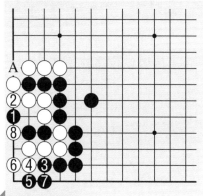

图2　失败1

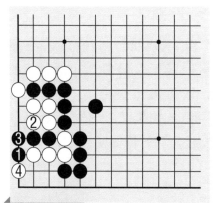

图3　失败2

问题 112 解说

图1　正解

　　黑1尖是妙着，白2时，黑3必须紧气，以下进行至黑7，黑棋快一气。

图2　失败1

　　黑1、白2时，黑3如果长，白4以下至白8是好棋，双方将下成打劫。黑棋如防备打劫，黑7下在8位，白A应后，黑棋慢一气。

图3　失败2

　　黑1扳是俗手，白2、4进行后，黑棋失败。

问题 113 ▷▷

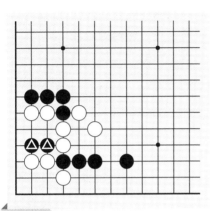

问题图

黑先。本题与其说是对杀问题，不如说是纯粹的逃跑问题。那么请问黑棋救出黑▲二子的手筋是什么？

问题 114 ▷▷

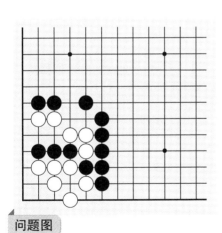

问题图

黑先。黑棋三子被白棋包围，而白棋也有五子被黑棋包围，那么请问黑棋的手筋是什么？

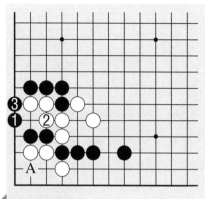

图 1　正解

问题 113 解说

图 1　正解

黑 1 尖是手筋，白 2 连接时，黑 3 可以渡过。其后白 A 活角，黑棋则可以攻击中腹的白棋。

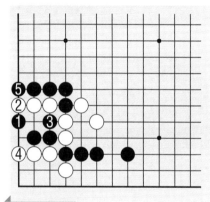

图 2　变化

图 2　变化

黑 1 时，白 2 如果阻断，黑 3 断则是准备好的手段，白 4 虽可活角，但黑 5 后，白三子被吃。

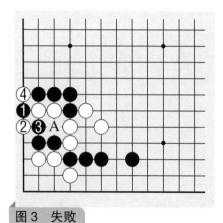

图 3　失败

图 3　失败

黑 1 扳不可思议，白 2 挡，黑 3 断打没用，白 4 提子后，黑 A 位不入气。

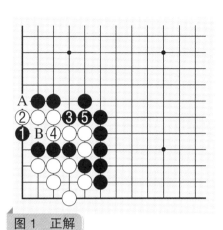

图1　正解

问题114 解说

图1　正解

黑1尖，即可解决一半问题。白2断必然，此时黑3挤可以解决另一半问题，至黑5，黑棋取胜。其中黑3如果下在A位，被白B应后，形势将会发生逆转。

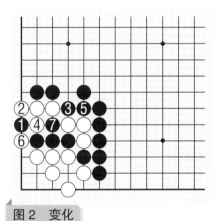

图2　变化

图2　变化

黑1、白2、黑3时，白4如寻求变化，黑5、7应后，黑棋仍然可以救回三子。

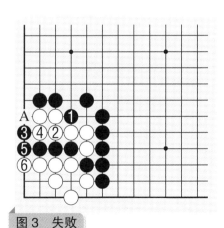

图3　失败

图3　失败

黑1次序错误，白2连接后，黑3再尖，但白4可以打吃，结果黑棋失败。其中黑1如果下在A位扳，被白棋在3位挡后，黑棋同样失败。

问题 115 ▶▶

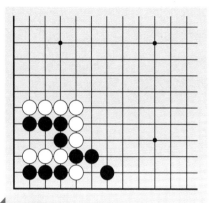

黑先。本题与前一问题相比，棋形虽略有变化，但道理却一样。那么请问黑棋应如何下？

问题图

问题 116 ▶▶

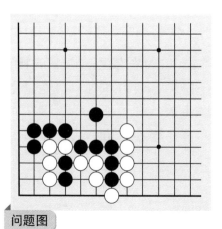

黑先。被白棋围困的黑二子并非无法挽救，只要黑棋下出手筋即可转危为安。那么请问黑棋应如何下？

问题图

问题 115 解说

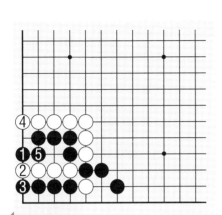

图1　正解

黑1尖是手筋，白2以下至黑5，是对结果的确认。

图2　失败1

黑1弯无谋，白2至黑5，白6扳好棋，黑A打吃，白B应，黑棋气不够。黑棋如先B位扳，经白C、黑D，双方虽打劫，但白E提是先手劫，且白F长后劫材很多，黑棋不行。

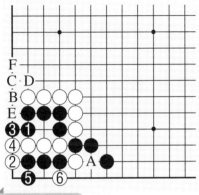

图2　失败1

图3　失败2

黑1、3扳接，被白2、4简单应后，黑棋即告失败。

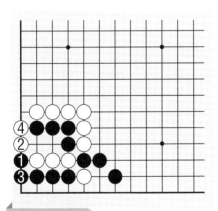

图3　失败2

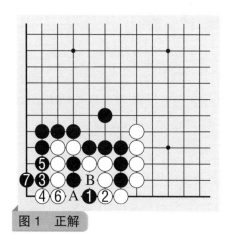

图 1　正解

问题 116 解说

图 1　正解

黑 1 尖，白 2 接时，黑 3 夹是黑棋准备好的手段。以下进行至黑 7，白棋由于 A 位和 B 位都不入气，结果黑棋取胜。

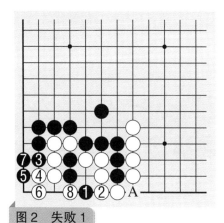

图 2　失败 1

图 2　失败 1

黑 1 尖虽是正确的，但白 2 时，黑 3 紧气错误。以下进行至白 8，双方不可避免地下成打劫。黑棋如想避免打劫，黑 7 下在 8 位，则白棋在 A 位应后，黑棋的气不够。

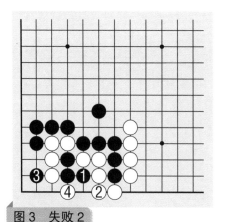

图 3　失败 2

图 3　失败 2

黑 1 打吃是在帮白棋走棋，以下进行至白 4，黑棋的错误明显。

问题 117 ▶▶

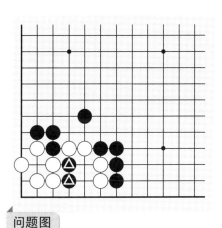

问题图

黑先。黑棋如能成功救出黑▲二子，右侧的白四子将自然死亡。那么请问黑棋应如何下？本题中黑棋的手筋是对攻战中经常应用的。

问题 118 ▶▶

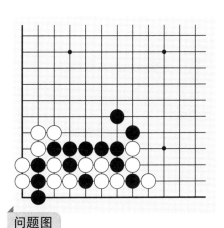

问题图

黑先。角上的黑三子能活棋吗？黑棋只有冲破白棋的包围网，方能为自己开辟一条活路。那么请问黑棋应如何下？

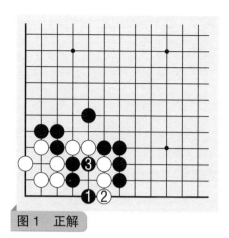

图 1　正解

问题 117 解说

图 1　正解

黑1尖是好棋，白2时，黑3断即可置白棋于死地。

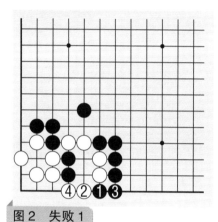

图 2　失败 1

图 2　失败 1

黑1、3扳接是下策，至白4，黑二子已死。

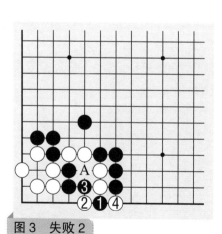

图 3　失败 2

图 3　失败 2

黑1、白2时，黑3断同样不成立。至白4，黑棋由于A位不入气，因而失败。

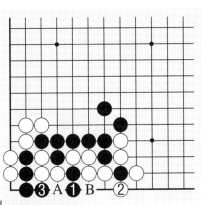

图1 正解

问题 118 解说

图 1 正解

黑1下立成"金鸡独立"，白棋由于 A 位和 B 位都不入气，只好白2提子，黑3得以打吃。

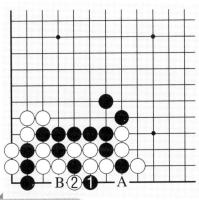

图2 失败1

图 2 失败 1

黑1打吃，其想法是白棋在 A 位提时，黑 B 做劫。但白2提子后，黑棋无条件失败。

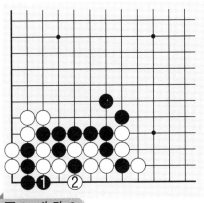

图3 失败2

图 3 失败 2

黑1打吃，白2提，黑棋失败。

问题 119 ▶

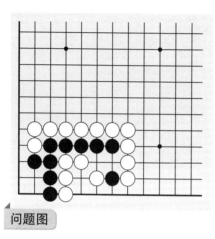

问题图

黑先。本题中的黑棋自身无法做活，但白棋之间的联络同样也存在问题，那么请问黑棋应如何利用白棋的缺陷？其手筋是什么？

问题 120 ▶

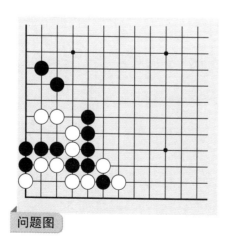

问题图

黑先。左下方的黑棋如果要想做活，只有通过攻击白棋的弱点才行，除此以外，别无他法。那么请问黑棋的手筋是什么？

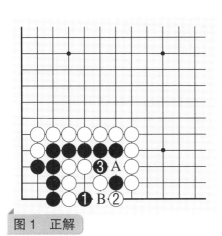

图 1　正解

问题 119 解说

图 1　正解

黑 1 点是唯一的要点，白 2 渡过，黑 3 挤吃，白棋接不归。其中白 2 如果下在 A 位或 B 位，黑 3 同样可行。

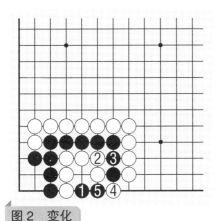

图 2　变化

图 2　变化

黑 1 时，白 2 最大限度地进行抵抗，但黑 3、5 可以做倒扑，白棋同样不行。

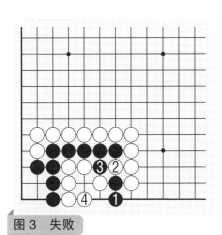

图 3　失败

图 3　失败

黑 1 下立，试图切断白棋，但以下进行至白 4，黑棋失败。其中黑 1 如果下在 3 位，白棋下在 4 位，黑棋也不行。

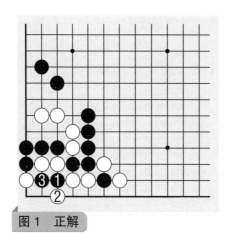

图 1　正解

问题 120 解说

图1　正解

黑1断打正确，至黑3，黑棋可以达到目的。

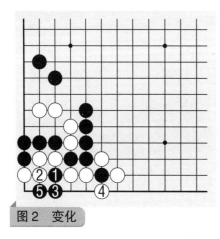

图 2　变化

图2　变化

黑1时，白2连接是无用的，以下进行至黑5，白棋的损失更大。

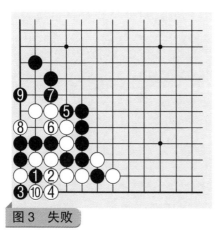

图 3　失败

图3　失败

黑1、3断吃白棋一子，以下进行至白10，黑棋不活。

问题 121 ▶▶

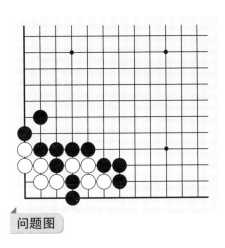

问题图

黑先。黑棋仅仅吃住右侧白棋四子无法令人满意，只有吃住整块白棋才是正确的。那么请问黑棋吃住整块白棋的手筋是什么？

问题 122 ▶▶

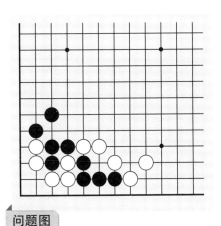

问题图

黑先。黑棋的第一手棋将决定成败，因此责任重大。那么请问黑棋应如何利用角的特殊性来选择手筋？

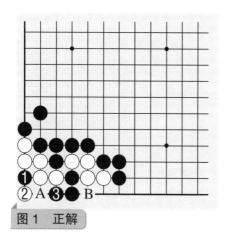

图1 正解

问题121 解说

图1　正解

黑1扑利用弃子是巧妙的下法，其目的在于让白棋下成不入气的棋形。白2如果提子，黑3爬，结果白棋A位和B位都不入气。

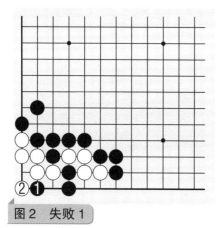

图2 失败1

图2　失败1

黑1托，白2做劫是好棋，结果双方下成打劫。

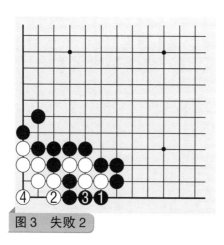

图3 失败2

图3　失败2

黑1打吃白右侧四子是最差的下法，以下进行至白4，左侧的白棋可以活。

问题 122 解说

图 1　正解

黑 1 断是正确的下法，白 2 如果打吃，黑 3 长即可。

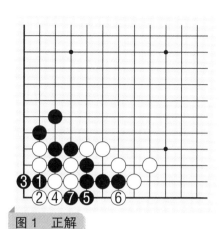

图 1　正解

图 2　变化

黑 1 断时，白 2 如果从另一侧打吃，黑 3 长后，结果相同。白棋 A 位和 B 位两侧都不入气。

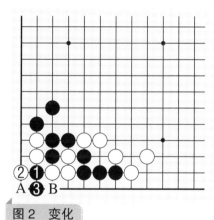

图 2　变化

图 3　失败

黑 1 扳是不负责任的下法，白 2 连接后，白棋的气很长，黑棋失败。

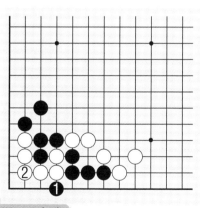

图 3　失败

问题 123 ▶▶

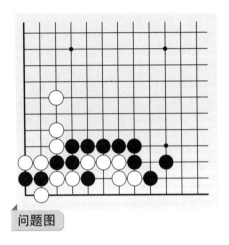

问题图

黑先。黑棋如能正确选择第一手棋，其后的进行将会非常顺利。角上黑已死亡的二子仍能起到援军的作用。那么请问黑棋的手筋是什么？

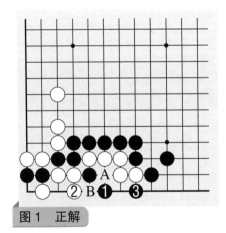

图 1 正解

问题 123 解说

图 1 正解

黑 1 尖是确保胜利的手筋，白 2 时，黑 3 扳，黑棋即可取胜。黑 1 时，白棋不能下在 A 位，原因是黑 B 后，白棋两侧都不入气。

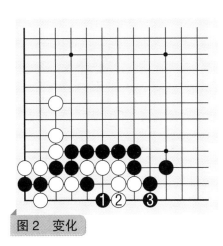

图2 变化

图2 变化

黑1时，白2如果挡，黑3下立即可解决问题。黑3如果不下，被白棋在3位扳后，双方将下成打劫。

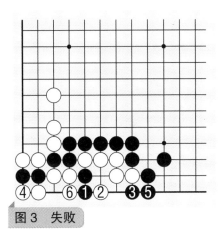

图3 失败

图3 失败

黑1下立，白2尖则是好棋，以下进行至白6，黑棋不行。

曹薰铉、李昌镐精讲围棋系列

第一辑

精讲围棋官子 . 官子计算
精讲围棋官子 . 官子手筋
精讲围棋官子 . 官子次序

第二辑

精讲围棋棋形 . 定式常型
精讲围棋棋形 . 棋形急所
精讲围棋棋形 . 手筋常型

第三辑

精讲围棋布局 . 布局基础
精讲围棋布局 . 布局技巧
精讲围棋布局 . 布局实战1
精讲围棋布局 . 布局实战2
精讲围棋布局 . 布局实战3

第四辑

精讲围棋定式 . 星定式
精讲围棋定式 . 小目定式
精讲围棋定式 . 目外高目三三定式
精讲围棋定式 . 定式选择
精讲围棋定式 . 定式活用

第五辑

精讲围棋对局技巧 . 基本技巧
精讲围棋对局技巧 . 接触战
精讲围棋对局技巧 . 实战对攻

第六辑

精讲围棋中盘技巧 . 打入与侵消
精讲围棋中盘技巧 . 攻击
精讲围棋中盘技巧 . 试应手

第七辑

精讲围棋手筋 . 1
精讲围棋手筋 . 2
精讲围棋手筋 . 3
精讲围棋手筋 . 4
精讲围棋手筋 . 5
精讲围棋手筋 . 6

第八辑

精讲围棋死活 . 1
精讲围棋死活 . 2
精讲围棋死活 . 3
精讲围棋死活 . 4
精讲围棋死活 . 5
精讲围棋死活 . 6